사회평론

글 사회평론 과학교육연구소
대학에서 오랫동안 과학을 연구한 전문가들이 모여, 우리 아이들이 쉽고 재미있게 공부할 수 있는 책을 만들고 있습니다.

글 이명화 (사회평론 과학교육연구소 연구원)
서울대학교 물리교육과를 졸업하고 같은 대학교 대학원에서 석사, 박사 학위를 받았습니다. 10여 년간 중학교에서 과학을 가르쳤으며, 미국 아리조나 주립대에서 물리학으로 박사 학위를 받고 독일, 미국, 영국에서 연구원으로 근무하였습니다. 쉽고 재미있는 과학책을 쓰는 일에 관심을 갖고 있으며, 현재 사회평론 과학교육연구소 연구원으로 과학책을 만들고 있습니다.

글 김형진 (사회평론 과학교육연구소 연구원)
연세대학교 천문대기과학과를 졸업하고 같은 대학교 대학원에서 석사, 박사 학위를 받았습니다. 과학자를 꿈꾸는 아이들에게 올바른 과학 개념과 과학적 태도를 함께 키울 수 있는 방법을 전달하기 위해 노력하고 있습니다. 현재 사회평론 과학교육연구소 연구원으로 과학책을 만들고 있습니다.

글 설정민 (사회평론 과학교육연구소 연구원)
서울대학교 생물학과를 졸업하고 같은 대학교 대학원에서 석사 학위를 받은 뒤 박사 과정을 수료하였습니다. 아이에게 과학을 쉽고 재미있게 얘기해 주려 노력하다 보니 어린이를 위한 책을 만드는 일에도 관심을 가지게 되었습니다. 현재 사회평론 과학교육연구소 연구원으로 과학책을 만들고 있습니다.

그림 김인하
시각디자인을 전공하고 1999년 월간지에 만화를 연재하며 작품 활동을 시작하였습니다.《건방진 우리말 달인》,《똑똑한 어린이 대화법》등에 그림을 그렸습니다. 이 책을 읽는 어린이들의 밝은 미래를 기원합니다.

그림 김지희
만화가이자 일러스트레이터로 활동하고 있습니다. 그린 책으로《드래곤빌리지 학습도감 13 : 해적앵무》,《난생 처음 한번 공부하는 미술 이야기 5》,《난생 처음 한번 공부하는 미술 이야기 6》등이 있습니다.

그림 전성연
대학교에서 그래픽디자인을 전공했고, 현재 직장을 다니며 일러스트 작업을 하고 있습니다.

감수 강남화
서울대학교 물리교육과를 졸업하고 같은 대학교 대학원에서 석사 학위를 받았습니다. 미국 조지아주립대학교에서 박사 학위를 받았습니다. 미국에서 10년간의 교수 생활 후 현재 한국교원대학교 물리교육과 교수로 재직 중입니다. 2015 개정 교육과정의 고등학교 물리교과서를 함께 저술했으며, 함께 번역한 책으로《재미있는 물리 여행》,《드로잉 피직스》가 있습니다.

캐릭터 이우일
홍익대학교에서 시각디자인을 공부한 만화가입니다. 그림책 작가인 아내 선현경, 딸 은서, 고양이 카프카와 함께 그림을 그리고 글을 쓰며 살고 있습니다. 지은 책으로《우일우화》,《옥수수빵파랑》,《좋은 여행》,《고양이 카프카의 고백》등이 있고, 그린 책으로《노빈손》시리즈,《용선생의 시끌벅적 한국사》시리즈,《교양으로 읽는 용선생 세계사》시리즈 등이 있습니다.

용선생의 시끌벅적 과학교실

자기

글 사회평론 과학교육연구소 | 그림 김인하·김지희·전성연 | 감수 강남화 | 캐릭터 이우일

굴러가면 빛이 나는 바퀴의 비밀은?

사회평론

프롤로그

여러분, 안녕? 과학반을 맡은 용선생이야. 내 명성은 익히 들어 봤겠지? 역사반과 세계사반을 모두 훌륭하게 성공시키며 방과 후 교실 최고의 인기 교사가 된 그 용선생이란다. 교장 선생님께서 특별히 부탁하셔서 이번에는 과학반을 맡게 되었어. 어찌나 사정을 하시던지 도무지 거절할 수가 없었지 뭐야. 그래서 이 몸이 깜짝 놀랄 수업을 준비했단다.

우리의 수업은 언제나 질문과 함께 출발해. 세상을 둘러보다가 누군가 "저건 왜 그래요?" 하고 질문하면 바로 그 순간 수업이 시작되는 거지. 이제부터 용선생의 시끌벅적 과학교실을 제대로 즐기는 방법을 하나씩 알려 줄게.

첫째, 과학반 친구들과 함께 호기심을 갖고 질문해 봐. 과학을 어렵게만 생각하지 말고, 매 교시마다 아이들이 어떤 호기심을 가지는지 관심을 가져 봐. 과학반 친구들과 함께 '왜 그럴까?', '어떻게 알아낼 수 있을까?' 고민하다 보면 어렵던 과학도 쉽게 느껴질 거야.

둘째, 어려운 내용은 사진과 그림으로 이해해 봐. 어려운 과학 개념과 원리를 한 장의 사진이나 그림을 통해 단숨에 이해할 수도 있어. 그래서 너희를 위해 사진과 그림을 많이 준비했단다. 글을 읽다가 어렵다 싶으면 옆에 있는 사진과 그림을 봐. 잘 이해되지 않던 내용이 틀림없이 술술 이해될 거야.

셋째, 배운 내용을 되새기며 머릿속에 정리해 봐. 왁자지껄한 수업을 마치고 나면 뭘 배웠는지 정리가 안 될 때도 있을 거야. 그럴 때를 대비해 중간중간 핵심 정리를 준비했어. 또 배운 내용을 4컷 만화로 재미있게 요약해 두었지. 게다가 교시가 끝날 때마다 나선애의 정리노트도 마련했단다. 이 정도면 학습 정리는 문제없겠지?

과학은 분야도 다양하고 배울 내용도 아주 많아. 쉽게 이해할 수 있는 부분도 있지만, 여러 번 곰곰이 생각해 봐야 알 수 있는 부분도 있지. 이 책을 여러 번 다시 읽다 보면 구석구석 빠짐없이 모두 이해될 거야.

자, 이제 용선생의 시끌벅적 과학교실을 제대로 즐길 준비가 됐겠지? 그럼 신나는 수업을 시작해 볼까?

차례 | 자기

1교시 | 자기력

스피커가 공중에 뜨는 까닭은?

스피커엔 뭐가 들어 있을까? … 12
자석은 어디가 가장 셀까? … 16
공중에 뜨는 스피커의 비밀은? … 19

나선애의 정리 노트 … 24
과학퀴즈 달인을 찾아라! … 25
용선생의 과학 카페 … 26
 - 자석을 둘로 쪼개면 극은 몇 개가 될까?

교과연계
초 3-1 자석의 이용 | 중 2 전기와 자기

2교시 | 나침반

나침반으로 어떻게 방향을 알아낼까?

나침반의 원리! … 31
N극은 왜 하필 북쪽을 가리킬까? … 34
머리핀으로 나침반 만들기! … 37

나선애의 정리노트 … 40
과학퀴즈 달인을 찾아라! … 41
용선생의 과학 카페 … 42
 - 지구 자기장이 중요한 까닭!

교과연계
초 3-1 자석의 이용 | 중 2 전기와 자기

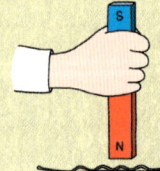

3교시 | 전류와 자기장

나침반 바늘이 왜 갑자기 움직이지?

지하철역의 비밀 … 46
전선 주위에 생기는 자기장의 모양은? … 50
오른손으로 자기장의 방향 알아내기! … 53

나선애의 정리노트 … 56
과학퀴즈 달인을 찾아라! … 57

교과연계
초 3-1 자석의 이용 | 초 6-2 전기의 이용 | 중 2 전기와 자기

4교시 | 전자석

무거운 철판을 쉽게 옮기는 방법은?

철이 붙었다 떨어졌다 하는 자석은? … 61
전자석 VS 영구 자석 … 65
전자석 만들기! … 70

나선애의 정리노트 … 72
과학퀴즈 달인을 찾아라! … 73
용선생의 과학 카페 … 74
  - 철가루가 알려 주는 자기장의 모양들

교과연계
초 3-1 자석의 이용 | 초 6-2 전기의 이용 |
중 2 전기와 자기

6교시 | 전자기 유도

전지가 없는데 어떻게 불이 켜지지?

자석으로 전기를 만드는 방법? … 93
흔들기만 하면 불이 켜져! … 97
전기는 어떻게 만들어질까? … 101

나선애의 정리노트 … 106
과학퀴즈 달인을 찾아라! … 107
용선생의 과학 카페 … 108
  - 전자기 유도가 이렇게 많이 쓰인다고?

교과연계
초 3-1 자석의 이용 | 초 6-2 전기의 이용 |
중 3 에너지 전환과 보존

5교시 | 전동기

이어폰에 왜 자석이 들어 있을까?

포일이 저절로 움직여! … 79
이어폰 안에서 무슨 일이 일어날까? … 83
전동 드릴이 돌아가는 원리는? … 85

나선애의 정리노트 … 88
과학퀴즈 달인을 찾아라! … 89

교과연계
초 3-1 자석의 이용 | 초 6-2 전기의 이용 |
중 2 전기와 자기

가로세로 퀴즈 … 110
교과서 속으로 … 112

찾아보기 … 114
퀴즈 정답 … 115

등장인물

용쓴다 용써!
용선생

- 체력 ★★★
- 지력 ★★★★★
- 감성 ★★★
- 호기심 ★★★★★
- 유머 ★★

열정이 가득한 과학 선생님. 하늘을 향해 거침없이 솟은 머리카락과 삐죽삐죽한 수염이 매력 포인트. 생생한 과학 수업을 하기 위해 물불을 가리지 않는다.

장하다 장해!
장하다

- 체력 ★★★★★
- 지력 ★
- 감성 ★★★★
- 호기심 ★★★★★
- 유머 ★★★★★

'튼튼하게만 자라 다오.'라는 아버지의 소원대로 튼튼하게 자랐다. 성격은 일등, 성적은 비밀이다. 시험을 못 봐도 씩씩하고, 엉뚱한 질문으로 수업에 활력을 준다.

오늘도 나선다!
나선애

- 체력 ★★★★
- 지력 ★★★★
- 감성 ★★★
- 호기심 ★★★★★
- 유머 ★★★

과학자를 꿈꾸는 우등생. 공부도 잘하고 아는 게 많아서 모든 일에 앞장서는 타입이다. 겉으로는 차가워 보이지만 내심 따뜻한 면도 가지고 있다. 전혀 티가 안 나서 그렇지.

잘난 척 대장
왕수재

- 체력 ★★★
- 지력 ★★★★
- 감성 ★
- 호기심 ★★★★★
- 유머 ★

세상에서 자기가 제일 잘난 줄 안다. '천재는 외로운 법이고 질투의 대상인 법'이라나. 친구들에게 깐족거리는 데에도 천재적이다. 그래도 수업에는 늘 적극적으로 참여한다.

낭만 가득
허영심

체력 ★★★★★
지력 ★★★
감성 ★★★★★
호기심 ★★★★★
유머 ★★

감성이 풍부해도 너무 풍부하다. 떨어지는 낙엽이나 밤하늘의 별을 보며 눈물짓고, 조그만 벌레와 대화를 나누는 사차원 성격. 하지만 누구보다 정이 많고 낭만적이다.

과학반 귀염둥이
곽두기

체력 ★★★
지력 ★★★★
감성 ★★★★
호기심 ★★★★★
유머 ★★★★

형과 누나들의 귀여움을 독차지하는 과학반 막내. 나이도 가장 어리고 타고난 동안이라 언뜻 보면 유치원생 같다. 훈장 할아버지 덕에 어려운 단어를 줄줄 꿰고 있다.

우리를 찾아봐!

막대자석
막대 모양의 길쭉한 자석이야.

나침반
방향을 알아낼 때 쓰는 도구야. 평평한 곳에 놓으면 바늘이 항상 북쪽과 남쪽을 가리켜.

지구
우리가 사는 행성이야. 북쪽에 S극, 남쪽에 N극이 있는 거대한 자석과 같아.

볼트
여러 물체를 연결해서 고정하는 부품이야.

스피커
소리를 크게 하여 멀리까지 내보내는 음향 기기야. 안에 자석과 코일이 들어 있어.

코일
원통 모양으로 여러 차례 전선을 감은 것을 말해.

1교시 | 자기력

스피커가 공중에 뜨는 까닭은?

허영심이 과학실에 들어서자 교실 한 구석에서 쩌렁쩌렁한 음악 소리가 들렸다.

"뭐야? 소리 엄청 좋은데?"

"영심아, 이 스피커 좀 봐! 엄청 신기해!"

"우아! 스피커가 공중에 떠 있어!"

허영심의 눈이 휘둥그레졌다. 때마침 용선생이 문을 열고 과학실에 들어섰다.

"선생님, 이것 좀 보세요! 스피커가 공중에 떠 있어요. 어떻게 스피커가 공중에 떠 있는 거죠?"

 ## 스피커엔 뭐가 들어 있을까?

"하하, 너희가 신기해 할 줄 알고 공중 부양 스피커를 준

비했지. 스피커가 뜨는 원리를 하나씩 알아볼까?"

용선생은 서랍에서 종이 클립 통을 꺼내 곽두기에게 건네주며 말했다.

"두기야, 클립을 스피커 바닥에 갖다 대 보렴."

곽두기가 클립을 스피커 바닥에 갖다 대자 클립이 스피커 바닥에 착 달라붙었다.

"어라? 클립이 스피커에 붙었어요!"

"공중에 뜨는 것도 신기한데 클립까지 달라붙네?"

"하하! 비밀은 바로 이것이지!"

용선생은 이번엔 서랍에서 막대자석을 꺼내 클립 통에 갖다 댔다. 클립들이 막대자석에 우르르 달라붙었다.

"선생님, 그건 막대자석이잖아요? 자석이 스피커랑 무슨 상관이에요?"

"혹시 스피커 안에 자석이 들어 있나요?"

나선애가 스피커를 노려보며 묻자 용선생이 답했다.

"바로 그거야! 스피커 안에 자석이 들어 있어서 클립이 스피커에 붙은 거야."

"스피커 안에 자석이 있다고요? 그런데 자석이 뭘 어쨌길래 스피커가 공중에 떠요?"

"그걸 알려면 자석이 어떤 성질을 가지고 있는지 먼저

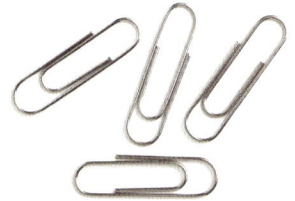

▲ 종이 클립

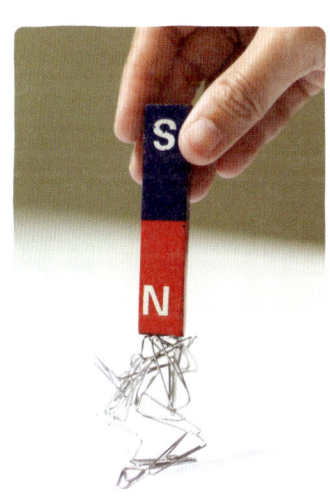

▲ **자석에 붙는 클립** 자석과 클립은 서로 끌어당겨.

알아야겠지? 자, 각자 자석을 나눠 줄 테니 어떤 물체가 자석에 붙고 어떤 물체가 안 붙는지 찾아보렴!"

"좋아요!"

아이들이 과학실을 돌아다니며 여기저기 자석을 갖다 대었다.

"지우개는 자석에 안 붙어요!"

"핀셋은 자석에 붙어요!"

"가위는 손잡이는 안 붙고 날 부분만 붙어요!"

"책상 다리는 붙는데, 나무 판은 안 붙어요!"

"나무젓가락이랑 플라스틱 빨대도 자석에 안 붙어요!"

"맞아. 자석에 붙는 종이 클립, 핀셋 등은 모두 철로 되어 있어. 이처럼 철로 된 물체는 자석에 붙고, 철로 되어 있지 않은 물체는 자석에 붙지 않아. 가위나 책상처럼 철도 있고 철이 아닌 것도 있는 물체에서는 철로 된 부분만 자석에 붙어."

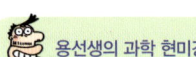

용선생의 과학 현미경

철 이외에 니켈, 코발트 같은 금속도 자석에 붙는 물질이야. 이것들을 섞어 만든 물체도 자석에 붙어.

▼ 철로 된 물체는 자석에 붙고, 철로 되어 있지 않은 물체는 자석에 붙지 않아.

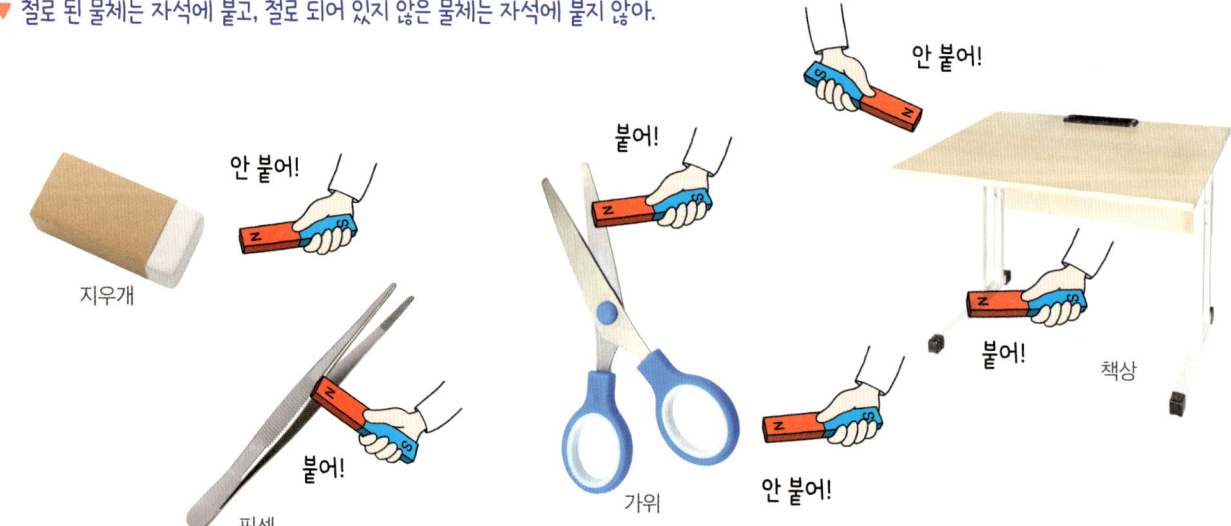

용선생이 아이들을 둘러보며 물었다.

"만약 자석을 플라스틱 컵에 담고 컵을 클립에 가까이 가져가면 클립이 자석에 끌려 올까, 끌려 오지 않을까?"

"음……. 플라스틱 컵은 자석에 붙지 않으니까, 컵 때문에 안 끌려 올 것 같아요."

장하다가 말하자 나선애가 고개를 갸우뚱했다.

"그래도 안에 자석이 있으니까 끌려 오지 않을까요?"

"누구 말이 맞는지 한번 확인해 볼까?"

용선생은 자석이 담긴 플라스틱 컵을 종이 클립에 가까이 가져갔다. 그러자 종이 클립이 자석과 맞닿은 컵 바닥에 찰싹 달라붙었다.

"오, 클립이 자석에 끌려 왔어요!"

"하하! 장하다, 내 말이 맞았네."

나선애가 장하다에게 혀를 날름 내밀자 장하다가 나선애를 보며 삐죽댔다. 용선생이 설명했다.

"플라스틱이 가로막고 있어도 클립은 자석에 끌려 와. 얇은 유리나 종이가 중간에 있어도 마찬가지지. 이처럼 자석과 철로 된 물체는 중간에 방해물이 있어도 항상 서로를 끌어당겨. 단, 방해물이 자석에 붙지 않는 물체일 때 말이지!"

"자석은 철을 정말 좋아하나 봐요."

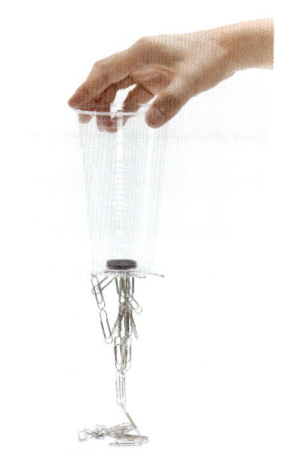

▲ 플라스틱 컵이 사이에 있어도 철로 된 클립은 자석에 붙어.

"하하, 자석은 단순히 철을 끌어당기는 것 외에도 여러 가지 성질이 있어. 이러한 자석의 성질이나 자석으로 인해 일어나는 현상을 '자기'라고 해."

"오호, 그렇군요!"

핵심정리

자석은 철로 된 물체를 끌어당겨. 자석과 철 사이에 자석에 붙지 않는 다른 물체가 있어도 철로 된 물체는 자석에 끌려. 자석의 성질이나 자석으로 인해 일어나는 현상을 자기라고 해.

자석은 어디가 가장 셀까?

용선생이 여러 가지 모양의 자석들을 꺼내 놓았다.

"이게 다 자석이란다."

"와, 자석 모양이 가지가지예요!"

"이걸로 뭐 재미난 거라도 하나요?"

▲ (왼쪽부터) 막대자석, 말굽자석, 고리자석, 동전 모양 자석

"응. 지금부터 각자 자석을 하나씩 고른 뒤 자석의 어느 부분에 클립이 많이 붙는지 알아보렴."

아이들이 각자 자석을 하나씩 집어 들고 자석 여기저기에 종이 클립을 갖다 대었다.

막대자석

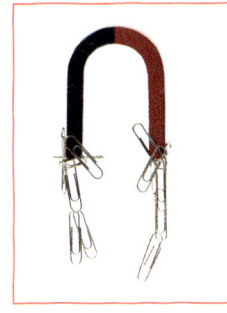
말굽자석

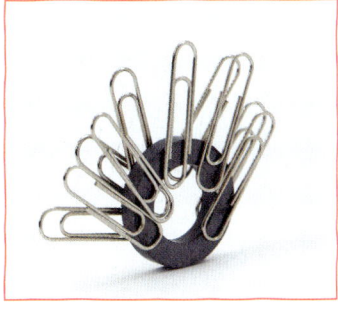
고리자석

동전 모양 자석

"막대자석이랑 말굽자석은 양쪽 끝에 클립이 가장 많이 붙어요!"

"고리자석과 동전 모양 자석은 평평한 양쪽 면에 많이 붙어요!"

"막대자석 가운데에는 클립이 별로 안 붙는데요?"

"모두 잘 관찰했어. 클립이 많이 붙을수록 자석과 클립 사이에 당기는 힘이 센 곳이야. 자석에서 이런 부분을 '자석의 극', 줄여서 '자극'이라고 해. 막대자석과 말굽자석은 양쪽 끝부분에, 고리자석과 동전 모양 자석은 양쪽 평평한 면에 자극이 있어."

아이들이 고개를 끄덕이자 용선생이 물었다.

"자석에서 클립이 많이 붙는 부분이 몇 군데였지?"

장하다가 막대자석을 가리키며 말했다.

"양쪽 끝에 잘 붙으니까…… 두 군데요!"

"동전 모양 자석도 양쪽 평평한 면, 두 군데예요."

"맞아! 이처럼 자석에는 자극이 항상 두 개 있어. 그중 하나를 N극, 다른 하나를 S극이라고 하지."

 용선생의 과학 현미경

어느 자석이 가장 셀까?

자석은 재질에 따라 여러 종류가 있어. 현재 사용되는 자석 중 가장 센 자석은 네오디뮴 자석이야. 네오디뮴은 철처럼 자석에 강하게 끌리는 물질 중 하나로, 네오디뮴으로 만든 자석은 자신보다 수천 배 무거운 물체를 들어 올릴 수 있을 정도로 세지. 이러한 네오디뮴 자석은 주로 컴퓨터 부품이나 의료 기기에 이용돼.

알니코 자석도 매우 센 자석 중 하나야. 알니코는 알루미늄, 니켈, 코발트를 섞어 만든 물질이야. 때로는 철이나 구리가 포함되기도 하지. 알니코 자석은 전기 모터, 마이크, 스피커 등에 다양하게 이용돼.

좀 더 자세히 들여다볼까?

▲ 네오디뮴 자석

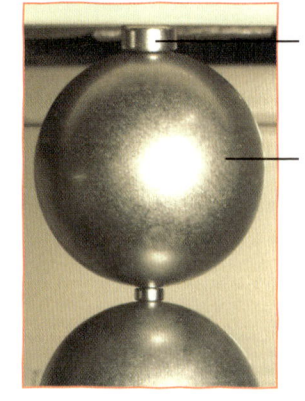

▲ 네오디뮴 자석에 매달린 강철 공

"N극과 S극이 자석의 극을 말하는 거였군요!"
"그렇단다!"

핵심정리
자석에서 철로 된 물체가 많이 붙는 부분을 자석의 극이라고 해. 자석의 극은 N극과 S극, 항상 두 개야.

 ## 공중에 뜨는 스피커의 비밀은?

"근데 스피커에 자석이 들어 있는 거랑 스피커가 공중에 뜨는 거랑 무슨 상관이 있어요?"

허영심이 손을 들고 묻자 용선생이 막대자석 두 개를 허영심에게 내밀었다.

"영심아, 이 자석 두 개를 서로 가까이 가져가 볼래?"

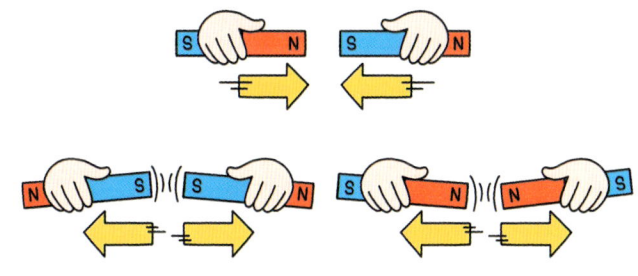

▲ 자석은 다른 극끼리는 서로 끌어당기고, 같은 극끼리는 서로 밀어내.

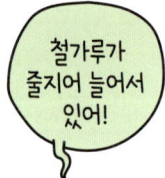

나선애의 과학 사전

자기력 자석 자(磁) 기운 기(氣) 힘 력(力). 자석과 철로 된 물체, 자석과 자석 사이에 작용하는 힘을 말해.

자기장 자석 자(磁) 기운 기(氣) 마당 장(場). 자석 주변에 자기력이 작용하는 공간을 말해.

"N극과 S극이 마주 보면 서로 끌어당겨서 붙어요!"
"N극과 N극이 마주 보면 서로 밀어내요!"
"S극과 S극이 마주 봐도 서로 밀어내요!"
"잘 관찰했어! 자석은 철로 된 물체를 항상 끌어당기는 것 외에도, 다른 극끼리는 서로 끌어당기고 같은 극끼리는 서로 밀어내. 이처럼 자석과 철로 된 물체, 자석과 자석 사이에 작용하는 힘을 자기력이라고 해. 그리고 자기력이 작용하는 공간을 자기장이라고 하지."
"그럼 자석 주위에는 항상 자기장이 있겠네요?"
"맞아. 자석 주위에 철가루를 뿌리면 자기장의 모양을 알 수 있어."

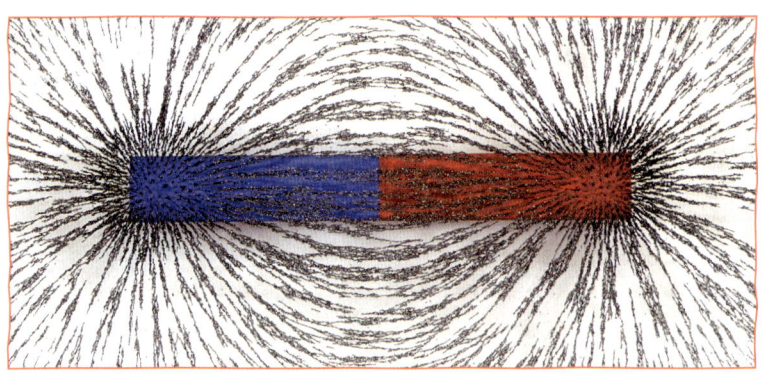

▲ 막대자석 주위에 철가루가 늘어선 모습

아이들이 신기한 눈으로 사진을 바라보자 용선생이 이어서 말했다.

"이렇게 자석은 자기장 안에 있는 철로 된 물체를 끌어당기지. 자석을 근처에 가져가기만 해도 종이 클립이 자석에 끌려 와서 달라붙던 것처럼 말이야."

"꼭 자석에 닿지 않아도 끌려 오는군요?"

"맞아. 자기력은 물체가 자석과 떨어져 있어도 작용해. 손으로 책상을 밀거나 당기는 힘과는 조금 다르지."

아이들이 고개를 끄덕이는데 나선애가 물었다.

"선생님, 그래서 스피커가 왜 공중에 뜨는 건데요?"

"아참! 그걸 아직 얘기해 주지 않았군. 힌트를 줄게 맞혀 봐. 스피커에만 자석이 들어 있는 게 아니라, 스탠드에도 자석이 들어 있어."

 용선생의 과학 현미경

스탠드에 들어 있는 자석은 일반 자석과는 달리 전기가 흐를 때에만 자석이 돼.

그러자 나신애가 손뼉을 짝 치며 말했다.

"아하! 그럼 혹시 스피커와 스탠드에 들어 있는 자석이 서로 같은 극끼리 마주 보고 있는 건가요?"

"바로 그거야! 전원을 켜면 스피커와 스탠드에 있는 두 자석이 같은 극끼리 마주 보며 서로 밀어내. 그래서 스피커가 공중에 뜨는 거야."

"알고 보니 간단하네요!"

"공중에 뜨는 스피커 말고도 우리 주위에는 자석을 이용한 생활용품이 아주 많아. 어떤 게 있을까?"

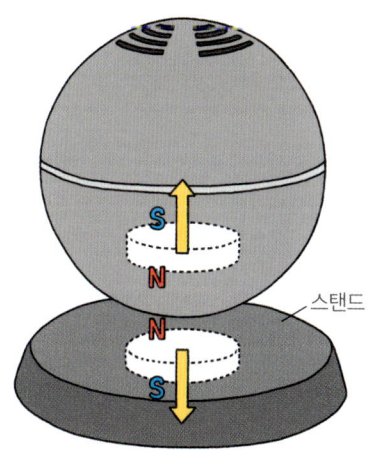

▲ **공중 부양 스피커가 뜨는 원리**
스피커와 스탠드에 들어 있는 자석이 같은 극끼리 마주 보며 서로 밀어내기 때문에 스피커가 공중에 떠.

"자석 칠판이랑 자석 홀더요! 자석 홀더로 칠판에 종이를 붙일 수 있어요."

"냉장고 자석으로 냉장고에 종이 같은 걸 붙여요!"

"자석 바둑판이요! 아빠가 출장 갈 때 꼭 챙기세요."

"모두들 잘 알고 있구나! 그 외에도 못이나 나사가 달라붙는 자석 드라이버, 가방에 달린 자석 단추, 겉면에 클립을 붙여 놓을 수 있는 자석 클립 통 등 우리 주변에는 자석을 이용한 생활용품이 아주 많아."

아이들이 화면의 사진들을 보며 고개를 끄덕이자 용선생이 말을 이었다.

▶ 자석을 이용한 생활용품

가방의 자석 단추

자석 칠판과 자석 홀더

자석 클립 통

▲ **자석을 이용한 기중기** 기중기는 무거운 물체를 들어서 옮기는 기계야. 기중기 중에는 강한 자석을 이용해 쓰레기 더미에서 철로 된 물체를 분리하는 종류가 있어.

"그뿐만이 아니야. 자석을 이용해 쓰레기 더미 속에서 철 조각을 분리해 내기도 하지."

"우아! 그렇게도 쓸 수 있군요!"

갑자기 장하다가 자석을 모두 쓸어 담았다.

"자석은 갑자기 왜 모으니?"

"신발 밑에 아주 센 자석을 놓으면 스피커처럼 저도 공중에 뜰까 해서요."

"푸하하! 역시 하다는 상상력이 풍부하다니까!"

핵심정리

자석은 같은 극끼리는 서로 밀어내고, 다른 극끼리는 서로 끌어당겨. 자석과 철로 된 물체, 자석과 자석 사이에 작용하는 힘을 자기력, 자기력이 작용하는 공간을 자기장이라고 해.

나선애의 정리노트

1. **자석의 극** 또는 ⓐ [　　　]
    ① **자석에서 철로 된 물체가 많이 붙는 부분**
    ② **자석에는 항상 N극과 S극, 두 개의 극이 있음.**

2. **자기력**
    ① **자석과 ⓑ [　] 로 된 물체, 자석과 자석 사이에 작용하는 힘**
    ② **자석과 철로 된 물체는 서로 끌어당김. 또, 자석의 ⓒ [　　] 극끼리는 서로 밀어내고 ⓓ [　　] 극끼리는 서로 끌어당김.**
    ③ 서로 떨어져 있어도 작용함.
    ④ ⓔ [　　　] : **자기력이 작용하는 공간**

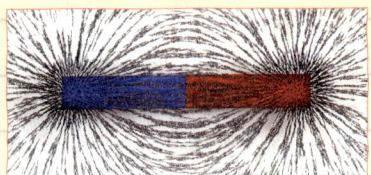

3. **자석의 이용**
    ① 자석이 들어 있는 기중기를 이용해 쓰레기 속에 있는 철 조각을 분리함.
    ② 생활용품: 자석 드라이버, 자석 칠판과 자석 홀더, 가방의 자석 단추, 자석 클립 통 등

ⓐ 자극 ⓑ 철 ⓒ 같은 ⓓ 다른 ⓔ 자기장

과학퀴즈 달인을 찾아라!

● 정답은 115쪽에

01

친구들이 이번 시간에 배운 내용에 대해 이야기하고 있어. 옳으면 O, 옳지 않으면 X를 표시해 줘.

① 자석은 철로 된 물체를 끌어당겨. (　　)

② 자석의 N극과 S극은 서로 밀어내. (　　)

③ 자석의 S극과 S극은 서로 끌어당겨. (　　)

02

나선애가 스피커를 사러 전자 제품 가게에 가려고 해. 갈림길에서 자석에 붙는 물체를 따라 가면 가게를 쉽게 찾을 수 있대. 어떻게 가야 하는지 지도에 표시해 줘.

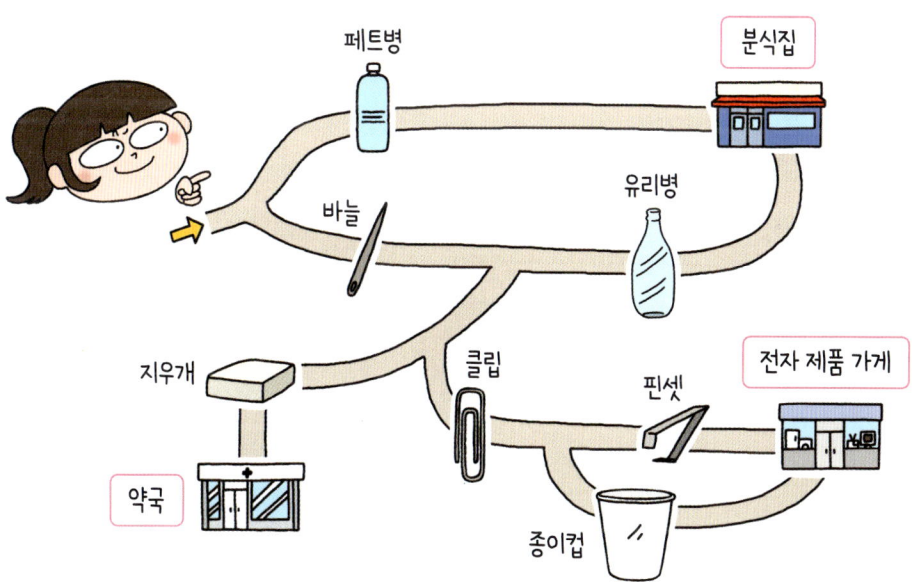

https://cafe.naver.com/yongyong

용선생의 과학 카페

과학계의 핵인싸,
용선생의 과학 카페에
오신 걸 환영합니다.

[Log in]

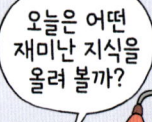

MENU

물리면 아프다
화학이 화하하
생물 오징어
지구는 둥글다

자석을 둘로 쪼개면 극은 몇 개가 될까?

내가 방금 막대자석 가운데를 반으로 쪼갰어. 자, 이제 이 두 개의 자석 조각은 어떻게 될까? 아래 두 보기 중에 답을 골라 봐.

① 하나는 N극만 가지고, 다른 하나는 S극만 가진다.

② 두 조각 모두 N극과 S극을 가진다.

정답은 바로 ②번이야. 쪼개진 조각을 다시 반으로 쪼개도, 이걸 다시 반으로 쪼개도 각 조각은 N극과 S극 둘 다 가진단다. 왜 자석은 항상 N극과 S극이 함께 있는 걸까?

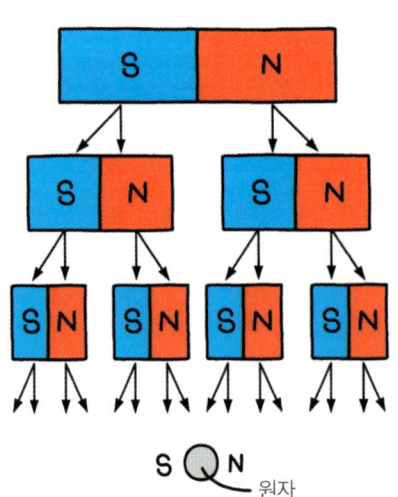

모든 물질은 원자라고 불리는 아주 작은 알갱이들로 이루어져 있어. 자석을 포함해 자석에 잘 붙는 철, 니켈, 코발트 같은 물질은 원자 하나하나가 조그만 막대자석과 같아. 원자들이 두 극을 항상 갖기 때문에 자석을 아무리 작게 쪼개도 N극과 S극이 둘 다 있는 거야.

그런데 이상하지? 철을 이루는 원자가 막대자석인데, 철로 된 종이 클립은 왜 자석이 아닐까? 자석이 아닌 보통의 철은 평소에 원자 막대자석들의 방향이 제각각이어서 자석의 성질을 갖지 않아. 그러다 자석이 가까이 있으면 원자 막대자석들이 한 방향으로 늘어서면서 철이 자석의 성질을 갖게 돼. 그러다 자석이 멀어지면 막대자석들의 방향이 다시 제각각이 되어 자석의 성질이 사라져. 즉 종이 클립은 자석이 가까이 있을 때에만 잠시 자석이 되는 거야.

- 장하다의 오답을 피하는 방법
- 나선애의 야무진 실험실
- 왕수재의 아는 척 과학교실
- 허영심의 별 헤는 밤
- 곽두기의 빅뱅 따라잡기

자석이 없을 때

자석이 가까이 있을 때

철이 들어 있다고 해서 모두 자석에 붙는 건 아니야. 스테인리스강으로 된 숟가락은 철이 들어 있지만 자석에 끌리지 않아. 스테인리스강은 보통 철에 크로뮴, 니켈, 망간, 탄소 등을 섞어 만드는데, 원자들이 늘어선 모양이 철과 많이 달라져서 자석에 붙는 성질이 없어지거든. 하지만 철에 크로뮴만 섞어 만든 스테인리스강은 철과 성질이 비슷해서 자석에 붙어. 자석에 붙는 주방용 칼이 이런 경우야.

COMMENTS

- 난 숟가락이 자석에 붙는 줄 알았는데….
  - 나도! 집에 가서 젓가락은 붙나 확인해 봐야지.
  - 급식실 물컵도 스테인레스강 아닌가?
  - 맞아. 그것도 자석에 붙지 않는단다.

`2교시 | 나침반`

나침반으로 어떻게 방향을 알아낼까?

이 방향으로 가는 거 맞아요?

우리 길을 잃은 것 같아요!

이 상황에 뭘 보고 계세요?

교과연계

초 3-1 자석의 이용
중 2 전기와 자기

걱정 마!
나침반으로
방향을 알아낼 수
있거든!

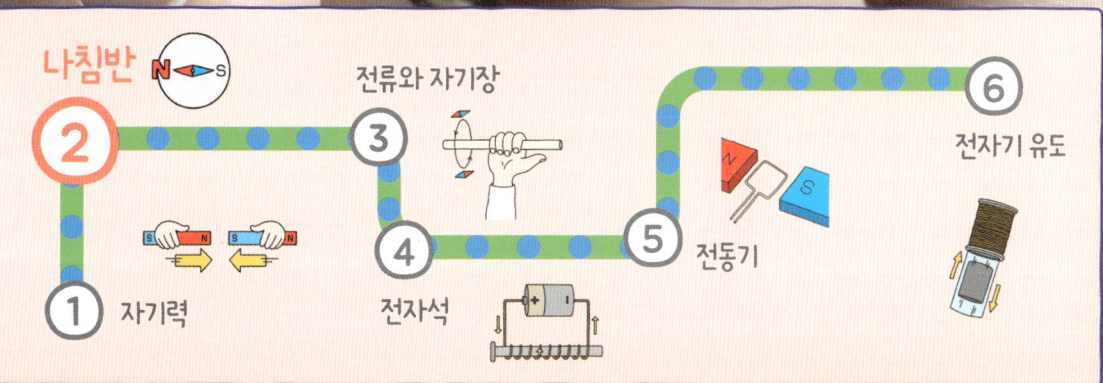

① 자기력
② 나침반
③ 전류와 자기장
④ 전자석
⑤ 전동기
⑥ 전자기 유도

"얘, 얘들아! 내가 보, 보물이 있는 곳을 알아냈어!"

장하다가 헐레벌떡 과학실로 뛰어 들어오면서 외쳤다.

"뭐? 보물?"

장하다 주위로 아이들이 몰려들었다.

"화단 근처를 돌아다니다 우연히 이 쪽지랑 나침반을 발견했는데, 발견한 곳에서 북쪽으로 열 발짝 걸어가면 보물이 나온대!"

왕수재가 쪽지를 살펴보며 물었다.

"북쪽이 어느 쪽인데?"

"어, 그건…… 이 나침반으로 알 수 있으려나?"

이때 아이들 뒤로 용선생이 살며시 다가와 말했다.

"나침반을 이용하면 보물을 찾을 수 있을 것 같은데?"

나침반의 원리!

"선생님, 저는 나침반을 쓸 줄 모르는데요?"

"나침반은 방향을 알아내는 도구야. 나침반으로 북쪽이 어느 쪽인지 알아낼 수 있지."

"정말요? 어느 쪽이 북쪽인데요? 알려 주세요."

"히히, 바로 알려 주면 재미없지. 나침반의 원리부터 차근차근 알아보자. 나침반으로 방향을 알아내는 첫 번째 원리는 나침반 바늘이 자석이라는 거야."

"정말요? 그럼 나침반 바늘에도 N극과 S극이 있어요?"

"그래. 주로 나침반 바늘의 빨간색 부분이 N극이고, 반대쪽이 S극이야. 직접 확인해 보지."

용선생은 막대자석을 놓고 양 끝에 나침반을 놓았다.

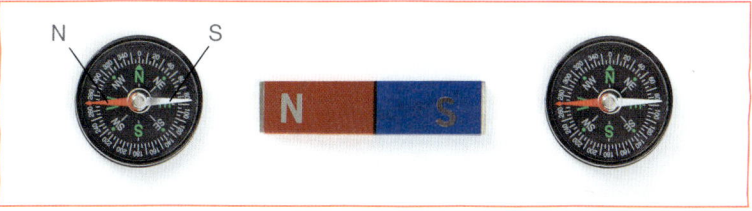

"오, 나침반 바늘이 움직였어요!"

"나침반 바늘의 S극이 자석의 N극을 가리켜요."

"바늘의 N극은 자석의 S극을 가리키고요."

"맞아. 그게 다 나침반 바늘이 자석이기 때문이야. 막대자석의 N극에는 나침반 바늘의 S극이, 자석의 S극에는 나침반 바늘의 N극이 끌리지. 자석을 멀리 하면 바늘이 다시 원래 방향으로 돌아온단다."

"나침반 바늘이 자석인 건 확실하네요!"

"나침반 바늘이 자석이기 때문에 나침반으로 자석 주위에 생기는 자기장의 방향도 알 수 있어."

"자기장에 방향이 있어요?"

"응. 나침반을 놓았을 때 바늘의 N극이 향하는 방향이 바로 자기장의 방향이야."

장하다가 그림을 유심히 보며 말했다.

"자기장은 자기력이 작용하는 공간인 줄만 알았는데, 방향도 있군요."

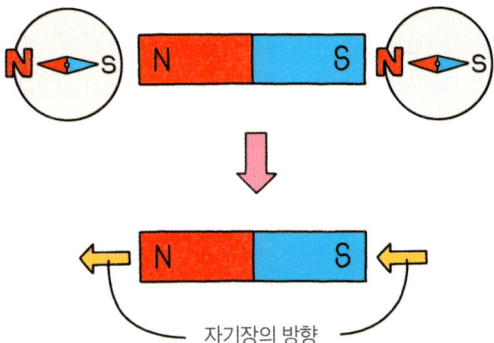

▲ 막대자석 주위에서 자기장의 방향

"맞아. 알쏭달쏭하겠지만 그런 게 과학의 재미 아니겠니? 이제 나침반의 두 번째 원리를 알아보자. 수재야, 수조에 물을 반쯤 채워 줄래?"

"네!"

왕수재가 수조에 물에 채우자 용선생이 막대자석을 플라스틱 접시에 올린 뒤 수조에 띄웠다. 잠시 후 물 위를 떠다니던 접시가 멈추었다.

"자석의 N극이 지금 어디를 가리키는지 잘 기억해 두렴. 이제 접시를 돌려 자석의 방향을 바꿀 거야. 접시가 다시 멈췄을 때 자석의 N극이 어디를 가리키는지 잘 봐."

접시가 멈췄을 때 　　　 접시를 돌릴 때 　　　 접시가 다시 멈췄을 때

"처음이랑 같은 방향을 가리키네요?"

"맞아. 이처럼 자석을 자유롭게 움직일 수 있게 하면 자석의 N극은 항상 일정한 방향을 가리켜. 그 방향이 바로 북쪽이야."

"그럼 반대쪽인 S극은 항상 남쪽을 가리키겠네요?"

"그래. 영어로 북쪽은 'North(노스)', 남쪽은 'South(사우스)'라고 해. 자석의 N극과 S극은 각각 북쪽과 남쪽을 나타내는 영어의 앞 글자를 딴 거란다."

"아하, 그렇구나!"

"나침반 바늘은 자유롭게 회전할 수 있는 자석이야. 그래서 나침반 바늘의 N극은 항상……."

"북쪽을 가리키겠군요!"

"그렇지! 그래서 나침반으로 방향을 알아낼 수 있는 거란다."

자석을 자유롭게 움직일 수 있게 하면 자석의 N극은 항상 북쪽을 가리켜. 그래서 나침반 바늘의 N극은 항상 북쪽을 가리켜.

 ## N극은 왜 하필 북쪽을 가리킬까?

이때 갑자기 곽두기가 물었다.

"근데 N극은 왜 하필 북쪽을 가리켜요? 동쪽이나 서쪽이 아니고요?"

"힌트를 줄게. 자석의 N극은 어느 극에 끌리지?"

"S극이요."

"그렇다면 지구의 북쪽에는?"

아이들은 말없이 조용했다. 정적을 깨고 나선애가 손뼉을 짝 치며 외쳤다.

"혹시 지구의 북쪽에 S극이 있나요?"

"맞아! 그리고 지구의 남쪽에는 N극이 있지."

"지구에 자석이 있다고요? 어디에요? 땅속에 묻혀 있나요? 땅을 계속 파면 자석이 나와요?"

장하다가 땅을 파는 시늉을 하며 캐물었다.

"하하하! 그건 아니고, 지구 자체가 하나의 거대한 막대자석과 같다는 말이지. 자석 주위에 자기장이 생기는 것처럼 지구 주위에도 자기장이 생기는데, 이걸 '지구 자기장'이라고 한단다."

"헉! 지구가 자석이라고요?"

"응. 사람들은 지구가 거대한 자석과 같다는 것을 꽤 오래전부터 알고 있었어. 1600년에 영국의 과학자인 길버트가 처음으로 이러한 주장을 했거든."

"선생님, 지구가 자석이면 철로 된 물체는 다 북쪽이나 남쪽으로 끌려가야 되는 거 아니에요?"

"하하, 그렇게 생각할 수도 있겠구나. 지구의 자기력은 보통 자석에 비해 매우 약해. 그래서 나침반 주위에 다른 자석이 있으면 나침반 바늘이 북쪽을 가리키지 않고 주위에 있는 자석에 끌리지."

그러자 곽두기가 고개를 갸웃하며 물었다.

"지구는 엄청 큰 자석인데 힘은 약하네요."

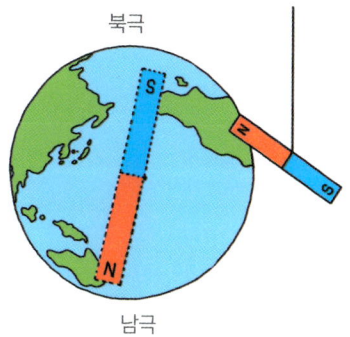

북극

남극

용선생의 과학 현미경

지구가 왜 자석의 성질을 갖는지는 정확히 밝혀지지 않았어. 과학자들은 지구가 자전할 때 지구 깊은 곳에서 전기를 띤 액체 상태의 철, 니켈 등이 같이 돌면서 지구가 자석의 성질을 갖는다고 추측해.

▲ **윌리엄 길버트**
(1544년~1603년) 영국의 철학자이자 물리학자야. 처음으로 전기와 자기 현상을 체계적으로 연구했어.

용선생의 과학 현미경

지구의 자기력은 태양의 영향을 받아. 지구에서 태양과 먼 쪽은 수십만 킬로미터나 자기력이 작용해.

"대신 지구의 자기력은 아주 멀리까지 작용해. 지구로부터 수만 킬로미터나 떨어진 곳까지 말이지."

"수만 킬로미터요? 정말 머네요."

"선생님, 그럼 나침반만 있으면 북극이나 남극을 찾아갈 수 있나요?"

장하다가 신이 나서 묻자 용선생이 고개를 흔들었다.

"정확히 말하면 북극이나 남극에서 수백 킬로미터 정도 떨어진 곳에 도착할 거야."

"어? 왜요?"

"우리가 말하는 북극과 남극은 지구의 자전축을 기준으로 한 지점이야. 자전축은 지구가 스스로 뱅글뱅글 도는 자전을 할 때 중심이 되는 축을 말하지. 그런데 지구 막대

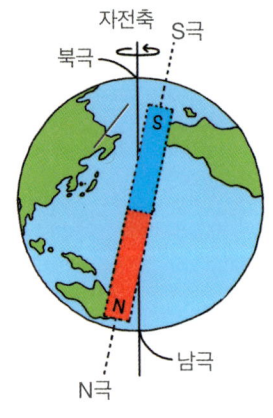

▲ 지구의 S극, N극은 북극, 남극에서 약간 벗어나 있어.

 용선생의 과학 현미경

나침반 사용법을 알려 주마!

① 나침반을 평평한 곳에 내려놓고 바늘이 멈출 때까지 기다려.
② 나침반 바늘의 N극(빨간색 부분)이 가리키는 방향이 북쪽이야.
③ 나침반 바늘의 N극이 나침반 바닥에 적힌 북쪽 (N)과 일치하도록 나침반을 돌려. 그럼 어디가 동쪽, 서쪽, 남쪽인지 쉽게 알 수 있어.

주의 주위에 자석이 있으면 나침반 바늘이 자석의 영향을 받아. 그래서 나침반을 사용할 때에는 자석으로부터 멀리 떨어뜨려야 해.

자석이 놓인 방향은 자전축에서 약간 어긋나 있거든."

"아……. 그럼 정확히 북극에 S극이 있는 건 아니군요."

"그렇지. 그래서 나침반 바늘의 N극이 가리키는 방향도 북극에서 약간 어긋나 있단다."

지구는 하나의 거대한 자석과 같아. 지구의 북쪽은 S극, 남쪽은 N극에 해당해.

 **머리핀으로 나침반 만들기!**

용선생이 주위를 살피더니 허영심에게 말했다.

"영심아, 머리에 꽂은 머리핀 하나만 빌려줄래? 나침반의 원리에 대해 알았으니, 이 머리핀으로 나침반을 직접 만들어 보자!"

"제 머리핀으로요? 어떻게요?"

"머리핀을 자석으로 만드는 거야. 그럼 나침반 바늘로 쓸 수 있지."

"정말요? 궁금해요! 빨리 알려 주세요!"

"하하하, 알고 나면 너무 쉽고 간단해서 김이 샐지도 몰라. 머리핀을 막대자석의 극에 1분 정도만 붙여 놓으면 머리핀이 자석이 된단다."

용선생은 머리핀을 막대자석에 붙이고 1분 동안 기다린 뒤 떼어 내서 종이 클립에 갖다 대었다.

▲ 머리핀을 자석의 극에 붙여 놓으면 머리핀이 자석이 돼. 이때 머리핀이 자석 밖으로 튀어나오면 안 돼.

▲ 자석이 된 머리핀에 매달린 종이 클립

"머리핀이 클립을 끌어당겨요! 자석이 되었어요!"

"머리핀 같은 철로 된 물체를 자석에 붙여 놓거나 자석 근처에 오랫동안 놓아두면 자석의 성질이 생겨. 이걸 자기화 또는 자화라고 부르지. 자석으로 머리핀을 한 방향으로 계속 문질러도 자석이 돼."

"그럼 이제 이 머리핀은 계속 자석이에요?"

"아니. 시간이 지나면 자석의 성질을 잃어."

"그럼 어서 빨리 나침반을 만들어요! 자석의 성질을 잃기 전에요!"

"좋아. 아까 실험했던 것처럼 머리핀을 물에 띄워 보자."

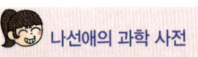

나선애의 과학 사전

자기화 또는 자화 자석 자(磁) 기운 기(氣) 될 화(化). 자석이 아니었던 물체가 자석이 되는 현상을 뜻해.

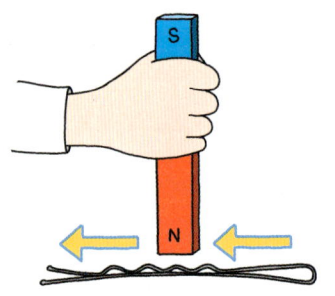

▲ **머리핀을 자화시키는 또 다른 방법**
자석의 한쪽 극을 머리핀에 대고 한 방향으로 계속 문지르면 머리핀이 자석이 돼.

◀ 자석이 된 머리핀은 나침반 바늘과 같은 방향을 가리켜.

"오, 머리핀 방향이 나침반 바늘의 방향과 나란해요!"

"머리핀이 나침반이 됐어요!"

"맞아. 머리핀에서 북쪽을 가리키는 쪽이 N극이고, 남쪽을 가리키는 쪽이 S극이야. 이제 알겠지?"

그러자 장하다가 쪽지를 꺼내 흔들며 외쳤다.

"이제 나침반의 원리를 알았으니 보물 찾으러 가자!"

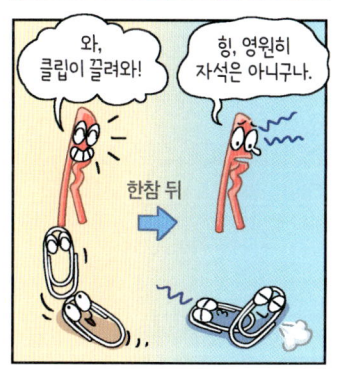

 핵심정리

철로 된 물체를 자석에 붙여 놓거나 자석 근처에 오랫동안 놓아두면 물체가 자석의 성질을 갖게 돼. 이걸 자기화 또는 자화라고 해.

나선애의 정리노트

1. 나침반
① 나침반의 바늘은 ⓐ [　　] 이고, 자유롭게 움직일 수 있음.
② 주위에 다른 자석이 없을 때 나침반 바늘의
　N극은 항상 ⓑ [　　] 을 가리킴.
　• 지구는 하나의 거대한 자석이고, 지구의
　　북쪽이 ⓒ [　　] 이기 때문임.
③ 나침반으로 ⓓ [　　] 을 알아낼 수 있음.

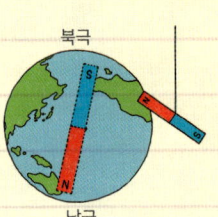

2. 자기화 또는 ⓔ [　　]
① 자석이 아닌 물체가 자석의 성질을 갖게 되는 현상

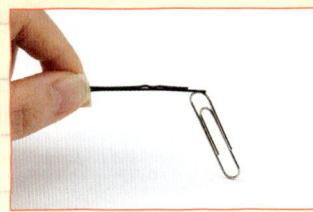

② 방법
　• 물체를 자석에 붙여 놓거나 자석 근처에 놓아둠.
　• 자석의 한쪽 극을 물체에 대고 한 방향으로 계속 문지름.
③ 시간이 지나면 다시 자석의 성질을 잃음.

ⓐ 자석 ⓑ 북쪽 ⓒ S극 ⓓ 방향 ⓔ 자화

 # 과학퀴즈 🧪 달인을 찾아라!

● 정답은 115쪽에

01

친구들이 이번 시간에 배운 내용에 대해 이야기하고 있어. 옳으면 O, 옳지 않으면 X를 표시해 줘.

① 나침반 바늘은 자석이야. (　　)
② 나침반으로 방향을 알아낼 수 있어. (　　)
③ 나침반 바늘의 N극은 남쪽을 향해. (　　)

02

장하다가 나침반을 가지고 보물을 찾으러 길을 떠났어. 아래 보기 에서 괄호 안에 들어갈 말들을 순서대로 찾아야 보물을 찾을 수 있대. 장하다가 길을 찾을 수 있게 도와 줘.

> 보기
> 지구는 하나의 거대한 자석이야. 지구의 북쪽은 (　　　)극, 남쪽은 (　　　)극이야. 그래서 나침반 바늘의 N극은 항상 (　　　)쪽을 가리켜.

| 용선생의 과학 카페 | 용선생의 한국사 카페 | 용선생의 세계사 카페 | |

← https://cafe.naver.com/yongyong

용선생의 과학 카페

과학계의 핵인싸.
용선생의 과학 카페에
오신 걸 환영합니다.

[Log in]

MENU

물리면 아프다
화학이 화하하
생물 오징어
지구는 둥글다

지구 자기장이 중요한 까닭!

만일 지구가 자석이 아니라면, 그래서 지구 자기장이 없다면 지구는 생명체가 살 수 없는 곳이 될지도 몰라. 이제부터 지구 자기장이 우리에게 왜 중요한지 알려 줄게.

밤하늘에 아름답게 빛나는 오로라는 노르웨이, 아이슬란드, 캐나다 등 극지방 부근에서만 볼 수 있어. 이것도 지구 자기장과 관련이 있단다.

활활 타오르는 태양은 주변으로 여러 가지 물질을 내뿜어. 이러한 물질이 우리가 사는 곳으로 곧장 들어오면 지구의 생명체들이 큰 피해를 입을 수 있어. 하지만 지구 자기장이 보호막처럼 막아 줘서 그럴 일은 없지. 다만 극지방은 지구 자기장의 보호막이 열려 있어서 태양에서 날아온 물질이 들어와. 이때 지구의 공기와 부딪치면서 여러 가지 색의 빛이 나는데, 그게 바로 오로라란다.

▼ 노르웨이에 생긴 오로라

지구 자기장은 새에게도 영향을 미쳐. 비둘기는 낯선 곳에서도 집을 잘 찾아가고, 철새는 해마다 수천 킬로미터를 날며 고향으로 돌아가. 새들이 이처럼 길을 잘 찾는 까닭은 새들의 머리 속에 나침반 역할을 하는 물질이 들어 있기 때문이야. 그 덕에 새들은 지구 자기장의 방향을 알아내고 목적지를 찾아갈 수 있어.

새뿐만 아니라 꿀벌, 장수말벌, 왕나비, 바다거북, 물고기도 지구 자기장의 방향을 알아낼 수 있어. 심지어 세균 중에도 몸속에 나침반 같은 물질을 가진 것이 있지. 이런 세균을 '주자성 세균'이라고 해. 주자성 세균의 몸 안에는 아주 작은 자석들이 사슬 모양으로 연결되어 있어. 이것이 나침반 역할을 하지. 그 덕에 주자성 세균은 산소나 영양분이 많은 곳을 찾을 수 있다고 해.

▲ 이동하는 철새

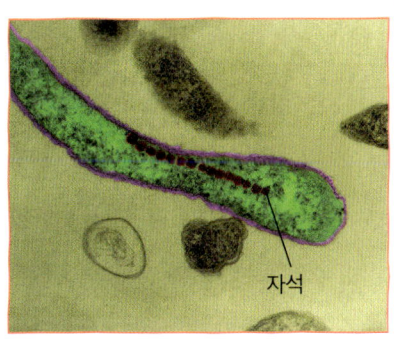
▲ 주자성 세균 몸 안에 사슬 모양의 자석이 보여.

+
장하다의 오답을 피하는 방법
나선애의 야무진 실험실
왕수재의 아는 척 과학교실
허영심의 별 헤는 밤
곽두기의 빅뱅 따라잡기

COMMENTS

난 길을 잘 못 찾는데, 철새가 부럽다.
ㄴ 새처럼 나침반을 머리에 붙여 봐!
ㄴ 그럼 나침반이 안 보이잖아!
ㄴ 끙….

3교시 | 전류와 자기장

나침반 바늘이 왜 갑자기 움직이지?

지하철 온다!

어? 지하철이 오니까 나침반 바늘이 갑자기 움직여!

"저기 지하철 온다!"

왕수재의 말에 장하다가 의자에서 일어나 줄을 섰다. 이때 갑자기 왕수재가 장하다의 가방에 달린 나침반을 가리키며 외쳤다.

"어? 나침반 바늘이 갑자기 움직여! 여기 어디 자석이라도 있나?"

"자석? 안 보이는데? 혹시 지하철이 들어올 때 바람이 불어서 흔들리는 거 아냐?"

"바늘은 나침반 뚜껑으로 덮여 있는데?"

 지하철역의 비밀

"주위에 자석이 없었는데도 지하철이 들어오니까 나침

반 바늘이 갑자기 움직였다니까요?"

다음 날 왕수재가 용선생에게 지하철역에서 있었던 일을 이야기했다. 이야기를 듣고 난 뒤 용선생이 말했다.

"수재와 하다가 어제 아주 중요한 발견을 했구나!"

왕수재와 장하다가 "우리가요?" 하며 마주 봤다.

"그래. 1820년에 외르스테드라는 과학자도 이러한 현상을 발견했어. 그 덕에 오늘날 우리가 선풍기, 세탁기, 청소기 같은 전기 기구들을 쓸 수 있게 됐지."

왕수재와 장하다가 작게 소곤거렸다.

"우리가 뭔가 대단한 걸 봤나 봐."

"그러니까 그게 대체 뭔데?"

"하하, 내가 설명해 주지. 수재와 하다가 어제 발견한 걸 지금 다 같이 확인해 보자."

그러자 나선애가 고개를 갸우뚱했다.

"여긴 지하철도 없는데 어떻게요?"

용선생은 "다 방법이 있지!" 하며 순식간에 실험 도구들을 꺼내 펼쳐 놓았다. 용선생은 전지와 스위치를 전선으로 연결하고 나침반을 전선 위에 올려놓았다.

"이제 스위치를 닫을 테니 나침반 바늘이 어떻게 되는지 잘 관찰하렴."

▲ **한스 크리스티안 외르스테드**
(1777년~1851년) 덴마크의 물리학자이자 화학자야. 전기가 자기장을 발생시킨다는 것을 발견했는데, 이는 인류 역사상 가장 위대한 발견 중 하나야.

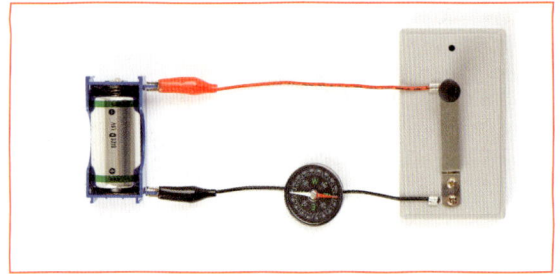

▲ 스위치를 닫기 전

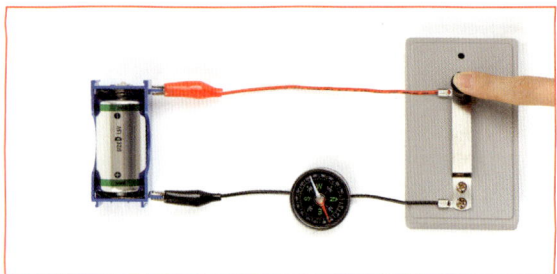

▲ 스위치를 닫은 후

주의
전구 등의 장치 없이 전지와 전선만 연결하면 전류가 너무 세서 위험할 수 있으니 되도록 긴 전선을 사용하고 스위치를 짧은 시간 동안 눌러야 해.

나선애의 과학 사전

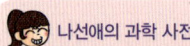

전류 전기 전(電) 흐를 류(流). 전기의 흐름을 뜻하는 말이야.

"오, 스위치를 닫으니까 나침반 바늘이 움직여요!"

"주위에 자석도 없는데 나침반 바늘이 왜 움직이죠?"

곽두기와 나선애가 동시에 말했다.

"스위치를 닫으면 전지, 스위치, 전선이 서로 연결되어 전기가 흘러. 전기의 흐름을 전류라고 하지. 자석 주위에 자기장이 생기는 것처럼, 전류가 흐르는 전선 주위에도 자기장이 생긴단다. 그래서 나침반 바늘이 움직인 거야."

"전류가 흐르면 전선 주위에 자기장이 생긴다고요?"

"그래. 스위치를 닫기 전에는 전류가 흐르지 않아서 나침반 바늘이 움직이지 않은 거고."

"자석이 없어도 자기장이 생긴다니!"

"외르스테드는 강의를 하다가 우연히 이러한 현상을 발견했어. 이후 오랫동안 연구한 끝에 전류도 자기장을 만든다는 사실을 밝혀냈지. 그 이전에는 전기랑 자기가 관련이 있다는 걸 아무도 몰랐단다."

"헉, 우리가 외르스테드가 될 수 있었는데!"

왕수재가 무릎을 치며 아쉬워했다. 장하다가 머리를 긁적이며 물었다.

"근데 그게 지하철이 들어올 때 나침반 바늘이 움직인 거랑 무슨 상관이에요?"

"지하철이 들어오면 열차 위에 있는 전선과 열차 그리고 바닥의 선로가 연결되어 전류가 흘러. 그럼 열차 주변에 자기장이 생기지."

"아하, 지하철에 전류가 흘러서 나침반 바늘이 움직인 거군요? 이제 의문이 풀렸어요!"

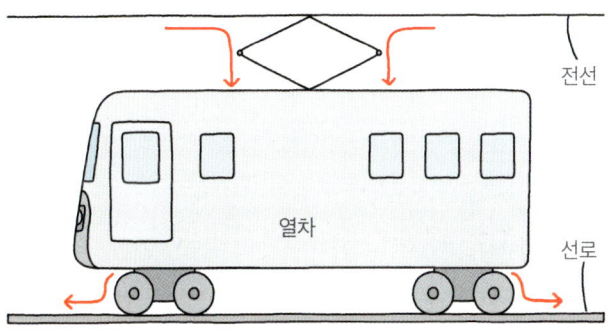

▲ 지하철에 흐르는 전류

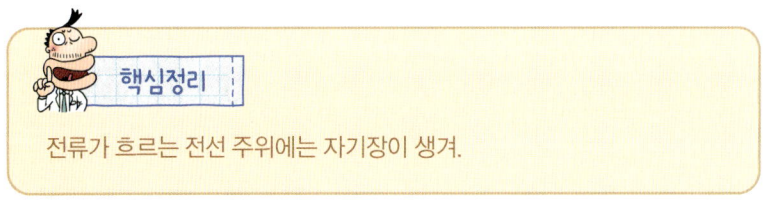

핵심정리

전류가 흐르는 전선 주위에는 자기장이 생겨.

용선생의 시끌벅적 과학교실 **49**

 ## 전선 주위에 생기는 자기장의 모양은?

"의문이 풀린 김에 재밌는 걸 하나 보여 줄게."

아이들이 "뭔데요?" 하며 용선생 주위로 몰려들었다.

"나침반을 전선 위에 놓을 때와 아래에 놓을 때 바늘이 어떻게 움직이는지 보렴."

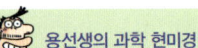
용선생의 과학 현미경

이때 나침반 바늘은 전류 뿐만 아니라 지구 자기장의 영향도 함께 받아 움직여. 전류의 세기가 셀수록 지구 자기장의 영향이 작아져서 나침반 바늘이 전선에 거의 수직하게 되지.

 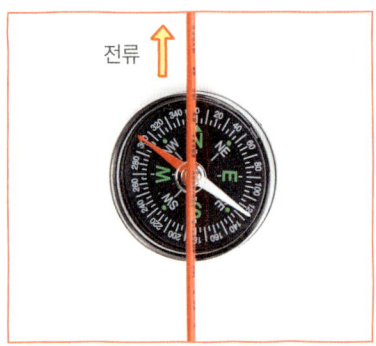

▲ 나침반을 전선 위에 놓을 때와 전선 아래에 놓을 때 나침반 바늘이 움직인 모습

"전선 위에 놓을 때랑 아래에 놓을 때 나침반 바늘이 다르게 움직여요!"

"나침반이 위에 있을 땐 N극이 오른쪽으로 움직이고, 나침반이 아래에 있을 땐 N극이 왼쪽으로 움직여요."

"맞아. 전류는 항상 전지의 (+)극에서 (-)극으로 흘러. 이번엔 전지의 극을 반대로 연결해서 전류가 흐르는 방향을 반대로 만들어 볼까?"

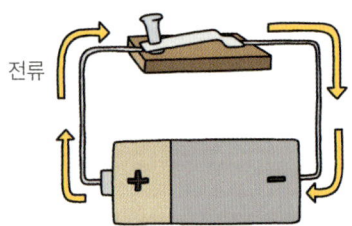
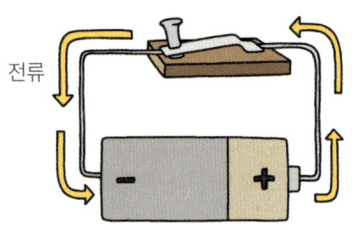

▲ 전류가 흐르는 방향

용선생은 전지의 극을 반대로 바꿔 연결한 뒤 똑같은 방법으로 실험했다.

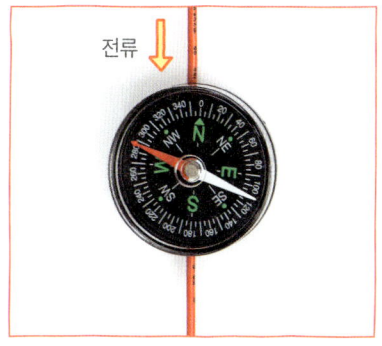 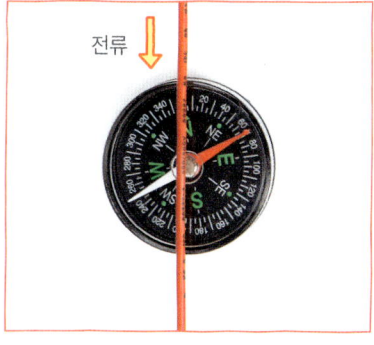

▲ 전류의 방향이 바뀌었을 때 나침반 바늘이 움직인 모습

"어라? 전류의 방향이 반대가 되니 결과도 반대예요."

"맞아. 전류의 방향이 바뀌니 나침반이 전선 위에 있을 때 N극이 왼쪽으로 움직이고, 아래에 있을 때 N극이 오른쪽으로 움직이지."

"나침반이 전선 위에 있냐 아래에 있냐에 따라 바늘이 가리키는 방향이 다르다니……."

"그러게. 전류가 어느 방향으로 흐르냐에 따라서도 다르고 말이야."

"전류에 의해 생기는 자기장의 방향이 달라지기 때문이야. 직선 전선에 전류가 흐를 때 생기는 자기장의 방향은 다음과 같아."

 곽두기의 낱말 사전

직선 곧을 직(直), 줄 선(線). 꺾이거나 굽은 데가 없는 곧은 선을 말해.

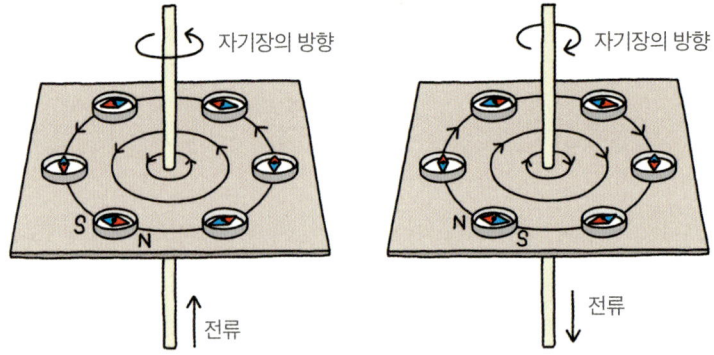

▲ 직선 전선에 전류가 흐를 때 자기장의 방향

"우아! 나침반 바늘의 방향이 다 달라요!"

"전류가 위로 흐를 때랑 아래로 흐를 때 나침반 바늘들의 방향이 반대예요."

"맞아. 전류의 방향이 반대가 되면 자기장의 방향도 반대가 되거든. 또, 나침반의 N극이 가리키는 방향을 선으로 쭉 이으면 전선을 중심으로 한 원이 돼. 그래서 나침반이 전선 주변 어디에 있느냐에 따라 바늘의 방향이 달라."

"정말요. 전선 앞이랑 뒤랑 방향이 반대네요."

"전선 주위에 철가루를 뿌리면 자기장의 모양이 더 확실하게 나타나지. 볼래?"

▲ 직선 전선 주위에서 철가루가 늘어선 모습

"우아! 전선 주위로 겹겹이 원이 둘러싸고 있어요!"

"잘 봤어. 이런 모양을 동심원이라고 해. 직선 모양의 전선에 전류가 흐르면 전선을 중심으로 동심원 모양의 자기장이 생긴단다."

"와, 자기장이 저렇게 동그랗다니, 정말 신기해요!"

 곽두기의 낱말 사전

동심원 한가지 동(同) 중심 심(心) 둥글 원(圓). 중심이 같은 원들을 말해.

 핵심정리

직선 전선에 전류가 흐를 때 전선 주위에는 동심원 모양의 자기장이 생겨. 전류의 방향이 반대가 되면 자기장의 방향도 반대가 돼.

 오른손으로 자기장의 방향 알아내기!

화면 속 그림을 바라보던 나선애가 손을 들고 물었다.

"그런데 전선이 저렇게 세로로 똑바로 서 있지 않고 가로로 있거나 비스듬히 있을 때에는 나침반으로 자기장의 방향을 알아내기 어려울 것 같은데요?"

"맞아요. 전선은 바닥에 놓여 있을 때도 많잖아요."

허영심도 고개를 끄덕이며 물었다.

"나침반이 없어도 전선에 생기는 자기장의 방향을 알아

내는 방법이 있어. 그것도 오른손 하나로 말이지!"

"오른손 하나로요? 어떻게요?"

"오른손의 엄지손가락이 전류의 방향을 향하게 전선을 감아쥐는 거야. 그럼 네 손가락이 가리키는 방향이 바로 자기장의 방향이란다."

용선생이 전선 하나를 들어 오른손으로 감아쥐자, 아이들도 책상 위에 연필을 세워 오른손으로 감아쥐었다.

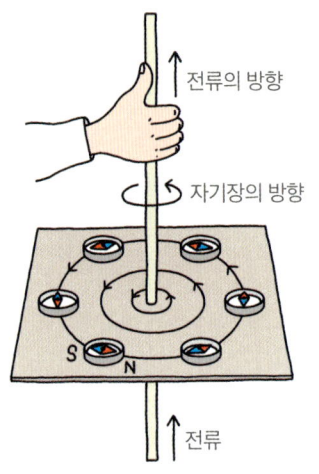

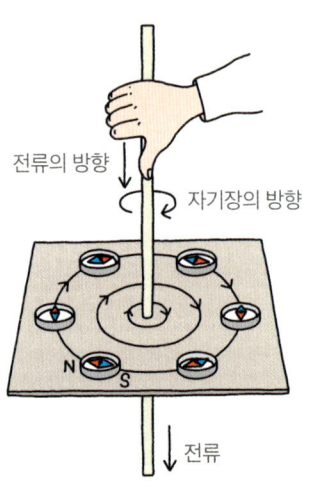

▲ 전류의 방향이 반대가 되면 네 손가락이 가리키는 방향, 즉 자기장의 방향도 반대가 돼.

▲ 앙페르라는 과학자가 이 규칙을 발견해서 '앙페르의 오른손 규칙'이라고 해.

"엄지손가락의 방향이 전류가 흐르는 방향이란 점을 명심해. 그럼 전류의 방향이 위로 갈 땐 손 모양이 '좋아요'가 되고, 아래로 갈 땐 '싫어요'가 되겠지?"

"그럼 옆으로 갈 땐 '그냥 그래요'인가? 큭큭!"

장하다가 혼잣말을 하며 킥킥댔다.

"엄지손가락의 방향에 따라 자연스럽게 네 손가락의 방향도 달라져. 그걸로 자기장의 방향을 알 수 있단다. 전선이 가로로 놓여 있어도 오른손으로 감아쥐기만 하면 돼."

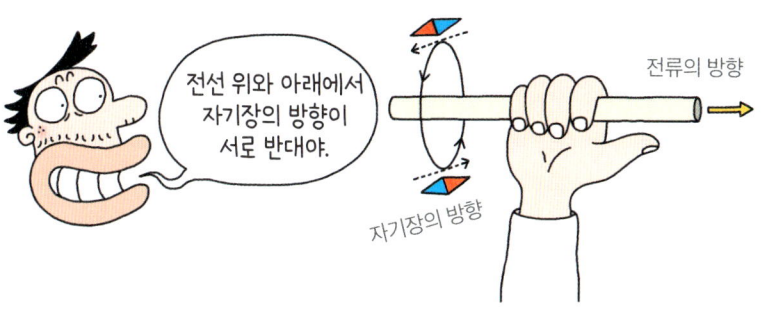

갑자기 허영심이 부랴부랴 가방을 싸기 시작했다.

"영심아, 갑자기 어디 가?"

"지하철역이요! 지하철이 들어올 때 나침반 바늘이 정말 움직이는지 제 눈으로 보고 싶어서요!"

다른 아이들도 "나도!"라고 외치며 후다닥 따라 나갔다. 과학실에 혼자 남은 용선생이 머쓱하게 말했다.

"그, 그래. 오늘 수업은 여기까지!"

 **핵심정리**

직선 전선에 전류가 흐를 때 오른손 엄지손가락이 전류의 방향을 향하도록 전선을 감아쥐면 네 손가락이 가리키는 방향이 자기장의 방향이야.

나선애의 정리노트

1. 전류에 의해 생기는 자기장
① 전류가 흐르는 전선 주위에는 자기장이 생김.
② ⓐ   의 방향이 반대가 되면 자기장의 방향도 반대가 됨.

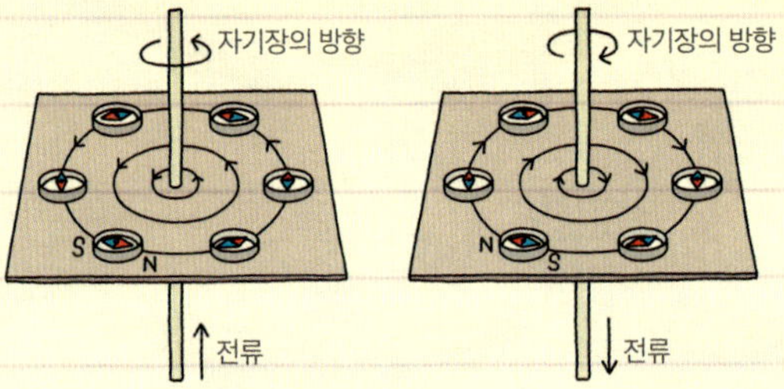

2. 직선 전선에 전류가 흐를 때
① 직선 전선 주위에는 ⓑ   모양의 자기장이 생김.
② 오른손 ⓒ   손가락이 전류의 방향을 향하게 하고 전선을 감아쥐었을 때 네 손가락이 가리키는 방향이 ⓓ   의 방향임.

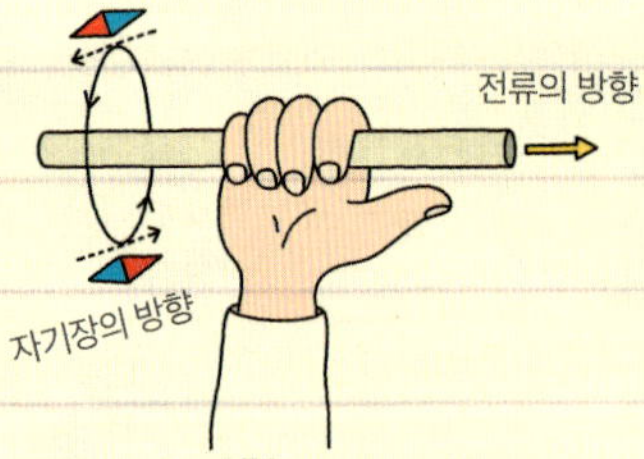

ⓐ 전류 ⓑ 동심원 ⓒ 엄지 ⓓ 자기장

 # 과학퀴즈 달인을 찾아라!

●정답은 115쪽에

01

친구들이 이번 시간에 배운 내용에 대해 이야기하고 있어. 옳으면 O, 옳지 않으면 X를 표시해 줘.

① 전류가 흐르지 않아도 전선 주위에는 항상 자기장이 생겨. (   )
② 전류의 방향에 따라 자기장의 방향이 달라져. (   )
③ 직선 전선 주위에는 직선 모양의 자기장이 생겨. (   )

02

다음 보기의 문장 속 괄호에 들어갈 말을 순서대로 이으면 어떤 모양이 나온대. 무슨 모양인지 그려 봐.

> 보기
>
> 전류가 흐르는 (   ) 주위에는 자기장이 생겨. 직선 전선에 전류가 흐를 때에는 전선을 중심으로 한 동심원 모양의 자기장이 생겨. (   )을 이용하면 전선 주위에 생긴 자기장의 방향을 알 수 있어. 오른손의 엄지손가락이 (   )의 방향을 향하도록 전선을 감아쥐었을 때 네 손가락이 가리키는 방향이 (   )의 방향이야.

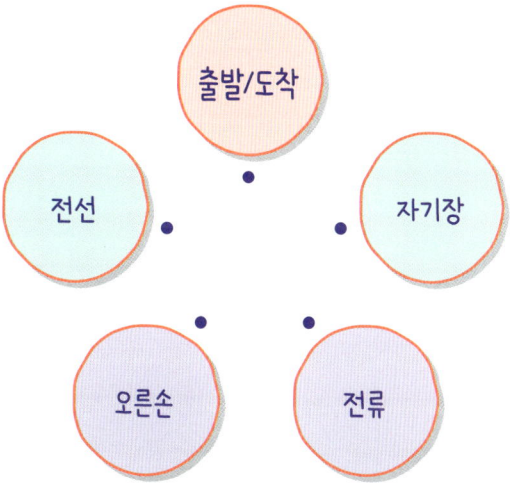

쿵당탕 소리를 내며 철가루 통이 바닥으로 떨어졌다. 쏟아진 철가루를 보며 왕수재가 한숨을 푹 내쉬었다.

"어휴, 이걸 어떻게 다 주워 담지?"

"자석으로 끌어모으면 되잖아."

허영심의 말에 왕수재가 막대자석으로 철가루를 모아 철가루 통에 다시 담으려 했다.

"뭐야? 떼면 또 붙고 떼면 또 붙고……. 이래서 언제 다 치우냐고?"

"잔말 말고 어서 치우기나 해."

나선애의 말에 자석에 달라붙은 철가루를 손으로 하나씩 떼어 내던 왕수재가 또 푸념했다.

"어휴, 힘들어! 철가루가 원하는 대로 붙었다 떨어졌다 하는 자석 어디 없나?"

철이 붙었다 떨어졌다 하는 자석은?

"그런 자석 여기 있지!"

용선생이 외치자 아이들이 교탁 주변으로 몰려들었다. 장하다가 교탁 위에 놓인 물체를 보고 중얼거렸다.

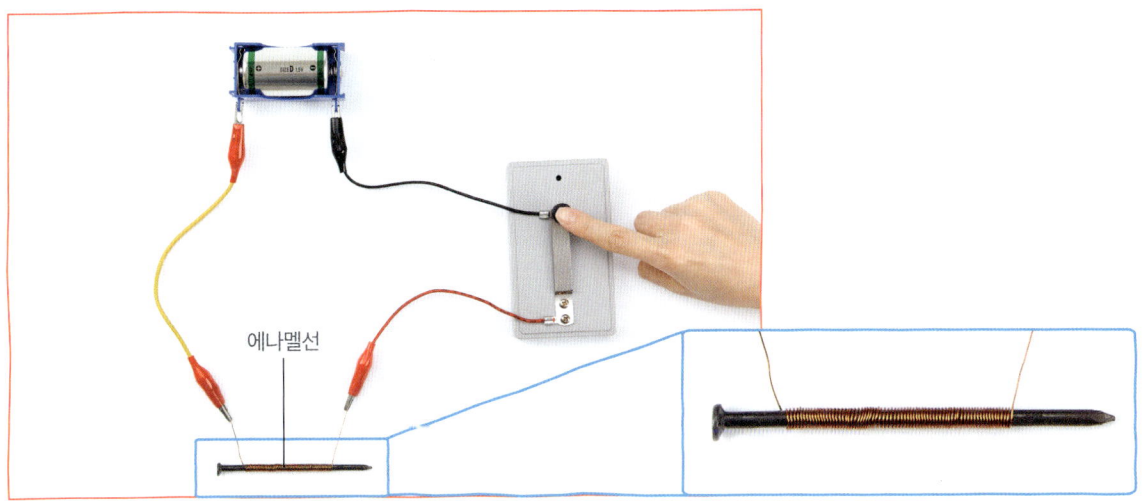

에나멜선

"어디 보자. 이건 쇠못이고 이건 전지인데……."

"맞아. 쇠못에 에나멜선을 감은 뒤 전선으로 전지와 연결한 거지."

"이게 철가루가 붙었다 떨어졌다 하는 자석이라고요?"

곽두기가 눈을 동그랗게 뜨고 묻자 용선생이 고개를 끄덕이며 말했다.

"응. 지난 시간에 자석이 없어도 전류가 흐르면 자기장

▲ **에나멜선** 구리선에 에나멜이라는 물질을 입혀서 겉면에 전류가 흐르지 않게 한 전선이야.

이 생긴다는 거 배웠지?"

"그럼요! 바로 이전 시간에 배웠는걸요."

"여기에 전류가 흘러 자기장이 생기면 자석이 돼. 전류를 끊으면 다시 자석의 성질을 잃고 말이지."

"전류가 흐를 때에만 자기장이 생기니까요?"

"맞아. 이처럼 전류가 흐를 때 자기장이 생기는 원리를 이용해 만든 자석을 '전자석'이라고 해. 전자석은 영구 자석과 달리 전류가 흐를 때에만 자석이 되지."

"자석 앞에 전 자가 붙네요. 전기로 만든 자석이다, 그런 뜻인가요?"

곽두기가 묻자 용선생이 "그렇지." 하며 고개를 끄덕였다. 허영심이 쇠못에 감긴 전선을 가리키며 물었다.

"근데 왜 이렇게 전선을 쇠못에 칭칭 감아요?"

"전선을 여러 번 감으면 전선을 한 번만 감을 때보다 자기장이 세지거든. 이렇게 전선을 여러 번 감아서 만든 것을 '코일'이라고 부른단다."

"그렇군요. 근데 전선을 꼭 쇠못에 감아야 해요? 나무젓가락에 감으면 어떻게 돼요?"

"나무든 플라스틱이든 상관없어. 그런데 쇠못처럼 철로 된 막대에 감으면 전자석의 세기가 훨씬 강해져."

> **나선애의 과학 사전**
>
> **영구 자석** 전자석이 아닌 자석은 모두 영구 자석이야. 영구 자석에는 자연적으로 원래부터 자석인 것도 있고, 사람이 자석으로 만든 것도 있어.

▲ **코일** 전선을 원통 모양으로 여러 번 감아 놓은 것을 말해. 다양한 전자 기기의 부품으로 쓰여.

"어째서요?"

"지난번에 머리핀을 자석에 붙여 놨더니 머리핀이 자석이 되었던 거 기억나니?"

"네! 머리핀이 종이 클립도 끌어당겼잖아요."

"쇠못도 마찬가지야. 쇠못은 평소에는 자석이 아니지만, 전류가 흐르는 전선 근처에 있으면 자석이 돼."

"그것도 전류에 의한 자기장 때문인가요?"

"맞아. 쇠못이 자석이 되면 전선에 흐르는 전류에 의한 자기장과, 자석이 된 쇠못의 자기장이 더해져서 전자석이 훨씬 세져. 쇠못 같은 철심을 사용하면 나무나 플라스틱을 사용할 때보다 수백, 수천 배까지 세지기도 하지."

"헉! 그렇게나 많이요?"

"응. 전자석이 아주 세지면 기차도 들어 올릴 수 있어. 너희 혹시 자기 부상 열차라고 들어 봤니?"

"어……. 들어 본 것도 같은데……."

▲ 철로 된 나사를 끌어당기는 전자석

▼ **자기 부상 열차** 전자석을 이용하여 공중에 떠서 달리는 열차야.

"자기 부상 열차는 공중 부양 스피커처럼 공중에 떠서 가는 열차야. 전자석과 선로 사이의 자기력으로 공중에 떠서 미끄러지듯 빠르게 달리지."

"전자석으로 열차까지 들어 올리다니!"

"하하, 놀랍지? 지난번에 본 자석을 이용한 기중기도 사실은 전자석을 이용하는 기계야. 전자석 기중기라고 하지. 다시 볼까?"

용선생이 사진을 띄우고 말했다.

"전자석 기중기는 무겁고 커다란 철판이나 폐차를 옮기는 일, 쓰레기 더미에서 철 조각을 골라내는 일에 쓰여. 전자석 기중기에는 아주 강력한 전자석이 들어 있는데, 여기에 전류가 흐르면 폐차나 철판, 철 조각이 우르르 달라붙지. 그대로 기중기를 옮긴 뒤……."

▲ 전자석 기중기 전자석 기중기는 무거운 철제품을 옮기거나 쓰레기 더미에서 철로 된 물체를 골라내는 데 주로 사용돼.

"전류를 끊으면 달라붙은 것들이 떨어지겠네요!"

"맞아. 그렇게 전류를 흐르게 했다 끊었다 하면서 물건을 들었다 놨다 하는 거야."

"알았어요! 제가 쏟은 철가루도 전자석으로 끌어모으

면 되겠네요. 전자석으로 모아서 통 속에 넣고 전류를 끊으면 철가루들이 깔끔하게 떨어질 거 아니에요?"

"좋은 생각이야!"

> **핵심정리**
>
> 전자석은 전류가 흐르는 전선 주위에 자기장이 생기는 것을 이용해 만든 자석이야. 전자석은 전류가 흐를 때에만 자석이 돼.

 전자석 VS 영구 자석

허영심이 손을 들고 물었다.

"선생님, 그런데 전자석은 다 그렇게 세기가 강해요? 기차도 띄우고, 자동차도 들어 올리잖아요."

"전자석이라고 다 세기가 강한 게 아니라, 세기를 조절할 수 있는 거야. 자석의 세기를 약하게도 할 수 있고, 강하게도 할 수 있다는 말이지."

"어떻게요?"

"그 비밀은 전선을 얼마나 많이 감느냐에 있어. 전선을 많이 감을수록 자석의 세기가 강해진다, 이 말이지."

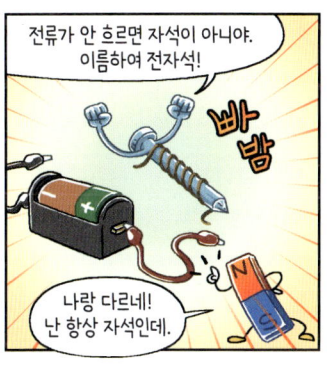

"그냥 전선을 많이 감으면 세지는 거예요? 복잡한 원리가 숨어 있을 줄 알았는데 생각보다 단순하네요."

장하다가 말하며 키득대는 사이 나선애가 곰곰이 생각하더니 말했다.

"그럼 전자석의 세기를 조절하려면 계속 전선을 감았다 풀었다 해야 하나요? 너무 귀찮을 거 같은데요."

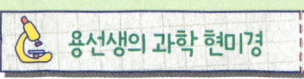

전류의 세기를 크게 하는 방법!

전류의 세기를 크게 하는 방법에는 두 가지가 있어. 하나는 전류를 세게 흘리는 전지를 쓰는 거야. 표시된 숫자가 큰 전지일수록 전류를 더 세게 흘리지.

 <

▲ 9V 전지는 1.5V 전지보다 전류를 세게 흘려.

다른 하나는 전지 여러 개를 한 줄로 연결하는 거야. 전지를 연결할 때에는 다른 극끼리 맞닿게 연결해야 해.

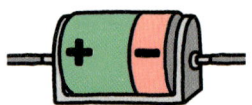 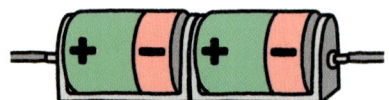

▲ 전지 여러 개를 다른 극끼리 맞닿게 연결하면 전지가 한 개일 때보다 전류가 세게 흘러.

용선생이 놀란 얼굴로 대답했다.

"거기까지 생각하다니 역시 나선애야! 전선을 감았다 풀었다 하지 않고도 전자석의 세기를 쉽게 조절하는 방법이 있어."

"그게 뭔데요?"

"전자석에 흐르는 전류의 세기를 조절하면 돼. 전자석은 전류가 흘러서 자석이 되잖아. 그러니 전류가 셀수록 전자석도 세지고 전류가 약할수록 전자석도 약해지지."

"아하, 전류를 조절하면 되는군요."

"게다가 전자석은 영구 자석과 달리 N극과 S극을 쉽게 바꿀 수 있어."

"극을 바꾼다고요?"

"아, 전자석도 자석이니까 N극, S극이 있겠네요."

"그렇단다. 전류의 방향이 반대로 바뀌면 전자석의 극도 반대로 바뀌지."

"그렇겠네요! 전류의 방향이 반대가 되면 전류가 만든 자기장의 방향도 반대가 되니까요."

용선생이 고개를 끄덕였다. 왕수재가 물었다.

"전자석은 어디가 N극이고 어디가 S극인지 어떻게 알 수 있어요?"

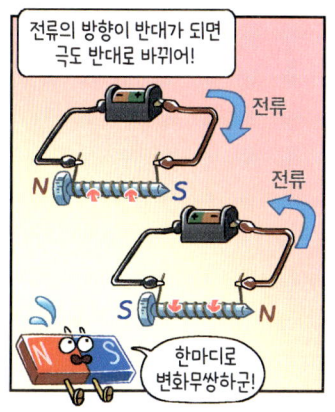

"그건 나침반을 가까이 대 보면 알 수 있어. 나침반 바늘의 N극이 가리키는 쪽이 전자석의 S극이고, 나침반 바늘의 S극이 가리키는 쪽이 전자석의 N극이지."

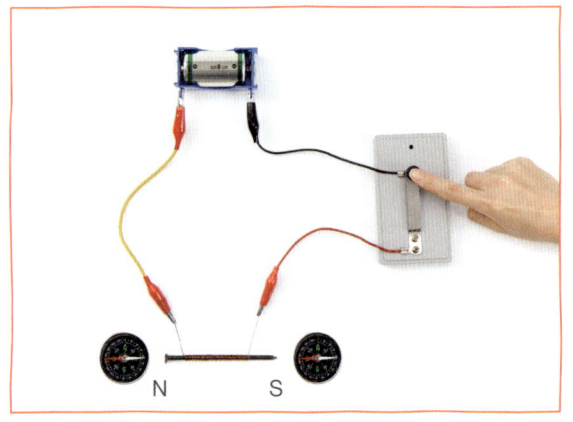 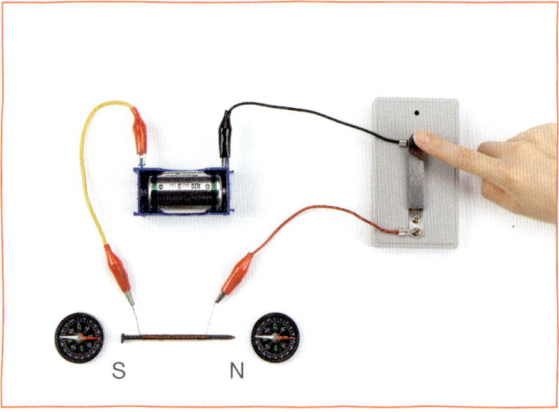

▲ 전류의 방향이 반대가 되면 전자석의 극도 반대가 돼.

"아하, 간단하네요!"

용선생이 검지손가락을 들어 보이며 말했다.

"한 가지 더! 쇠못에 전선을 감아 만든 전자석은 막대자석과 자기장 모양이 매우 비슷해."

"그걸 어떻게 알아요?"

"직접 보여 줄게. 전자석과 막대자석 주위에 나침반을 여러 개 놔두고 바늘이 늘어서는 모습을 비교해 보면 돼."

용선생은 전자석과 막대자석 주위에 똑같은 모양으로 나침반을 늘어놓았다.

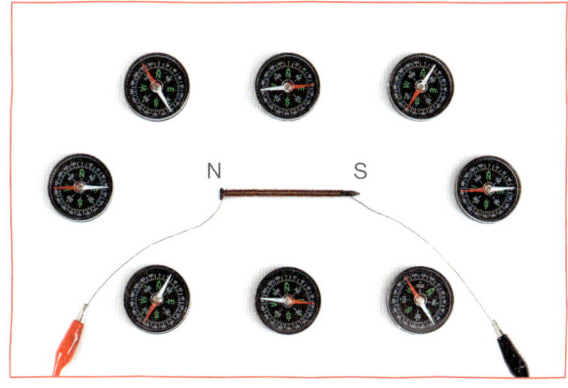

▲ 전자석 주위에 생긴 자기장의 방향 　　　　▲ 막대자석 주위에 생긴 자기장의 방향

"와! 나침반 바늘이 늘어선 모양이 정말 거의 똑같아요!"

"그런데 전자석은 나침반이 없으면 어디가 N극이고 어디가 S극인지 알 수 없겠네요. 막대자석처럼 색이 칠해져 있는 것도 아니고요."

"그것도 다 알아내는 방법이 있지. 바로 오른손!"

"오른손이요? 그건 직선 전선에서 하는 거 아니에요?"

"전자석에도 오른손을 이용할 수 있어. 단, 코일에 전류가 흐를 때에는 엄지손가락이 아니라 네 손가락을 전류의 방향으로 감아쥐어야 해. 그럼 엄지손가락이 가리키는 방향이 N극의 방향이 되지."

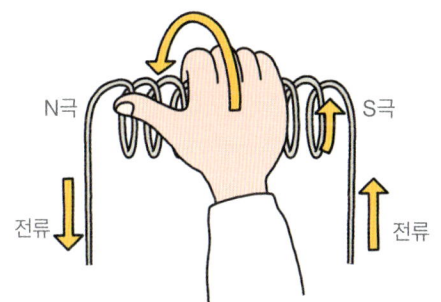

▲ 오른손으로 전자석의 극 알아내기

오른손 네 손가락을 전류의 방향으로 감아쥘 때 엄지손가락이 가리키는 방향이 N극의 방향이야.

아이들은 허공에서 오른손을 감아쥐었다.

"전류의 방향에 따라 전자석의 극이 바뀌는 것도 오른손으로 쉽게 알 수 있어. 전류가 흐르는 방향이 반대가 되면 네 손가락이 감기는 방향도 반대가 돼. 그러니까 N극의 방향도 반대가 되지."

"알고 보니 간단하네요!"

 **핵심정리**

전자석은 영구 자석과 달리 전류의 세기와 방향에 따라 전자석의 세기와 극을 조절할 수 있어.

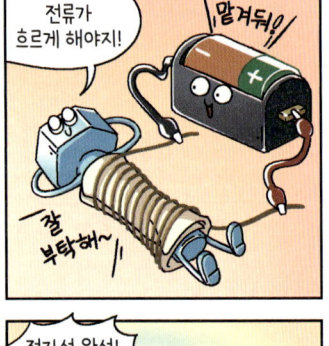

 **전자석 만들기!**

용선생이 실험 도구들을 꺼내며 말했다.

"전자석이 뭔지 알았으니까 이제 에나멜선과 볼트를 이용해 전자석을 만들어 보자!"

"와, 신난다!"

"어서 해 봐요!"

아이들은 실험 도구를 이용해 저마다 전자석

▲ **볼트** 여러 물체를 연결해서 고정하는 부품으로, 철로 만들어졌어.

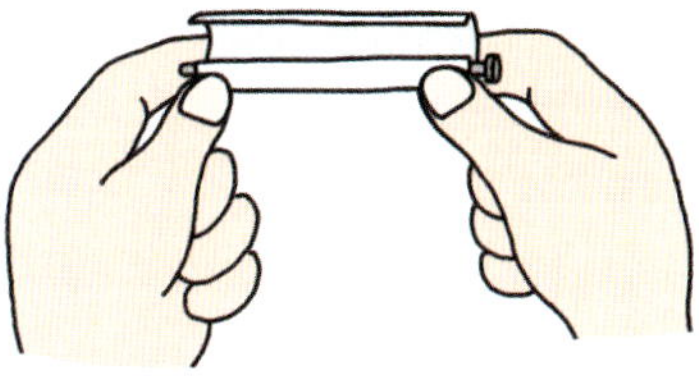

① 볼트에 종이테이프를 감아. 종이로 감싸지 않으면 볼트에 전류가 흘러 불이 날 수 있어.

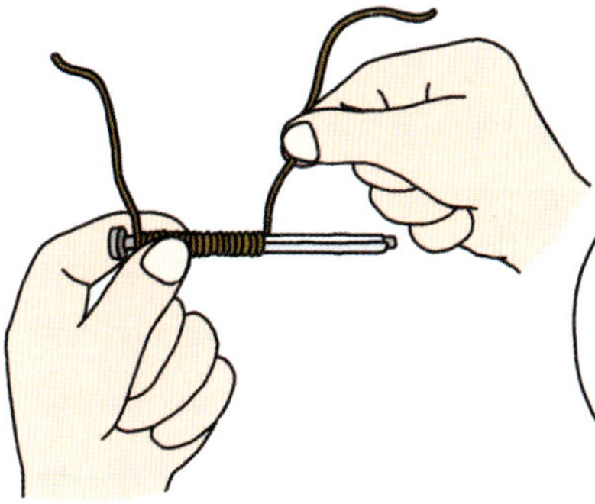

② 종이테이프를 감은 볼트에 에나멜선을 한쪽 방향으로 촘촘히 감아.

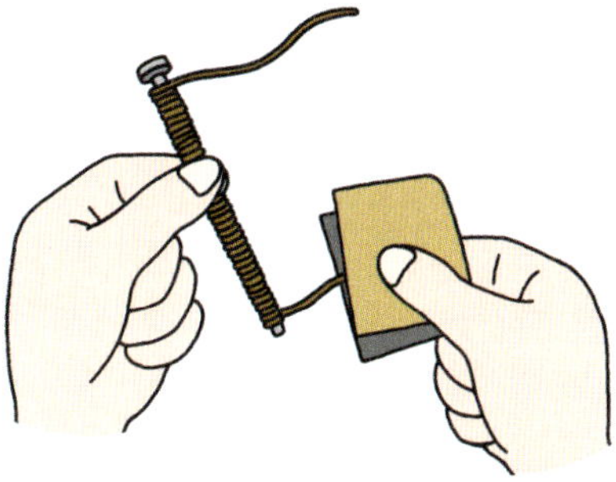

일정하지 않은 방향으로 감으면 전자석의 세기가 약해져.

③ 전류가 흐를 수 있게 에나멜선의 양쪽 끝부분을 사포로 문질러 겉면을 벗겨 내.

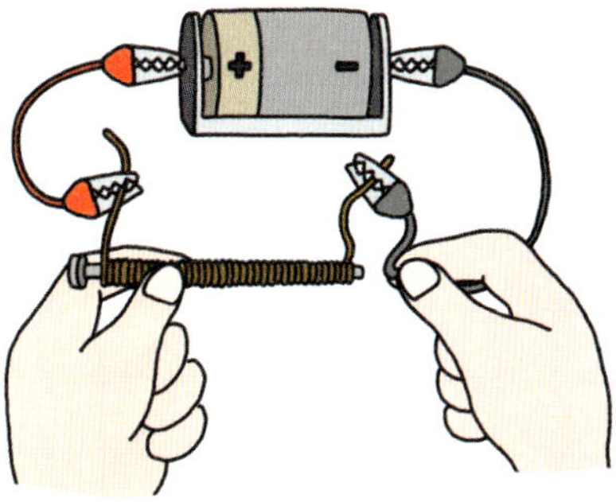

④ 사포로 문질러 벗겨진 에나멜선의 양쪽 끝부분을 전지에 연결해.

을 만들있다.

"오, 영심이 나침반 바늘이 제일 많이 움직여!"

"영심이는 볼트에 에나멜선을 일정한 방향으로 촘촘히 감았어. 아주 센 전자석을 만들었구나."

"그래야 바닥에 널린 철가루를 다 쓸어 모으죠. 왕수재! 이걸로 어서 청소해!"

"하하! 전자석에 대해 공부한 보람이 있군!"

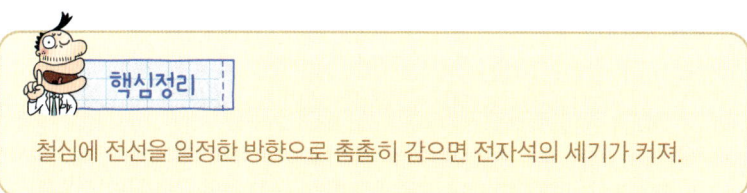

핵심정리

철심에 전선을 일정한 방향으로 촘촘히 감으면 전자석의 세기가 커져.

나선애의 정리노트

1. 전자석
① 전류가 흐르는 전선 주위에 ⓐ [　　　] 이 생기는 것을 이용함.
② 전류가 흐를 때에만 자석이 됨.
③ 전자석의 이용: 전자석 기중기, 자기 부상 열차

2. 전자석의 세기
① 코일 안에 ⓑ [　　] 로 된 막대를 넣으면 세기가 커짐.
② 전선을 촘촘하게 여러 번 감을수록 세기가 큼.
③ 전류의 세기가 클수록 세기가 큼.

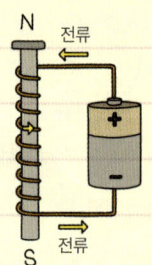

3. 전자석의 극
① ⓒ [　　　] 에 의한 자기장과 비슷한 자기장이 생김.
② 오른손의 네 손가락을 ⓓ [　　] 의 방향으로 감아쥐었을 때 엄지손가락이 가리키는 방향이 ⓔ [　] 극의 방향임.
③ 전류의 방향에 따라 극이 바뀜.

4. 전자석과 영구 자석의 비교

	전자석	영구 자석
자석의 성질	전류가 흐를 때에만 나타남.	항상 나타남.
자석의 세기	전류의 세기에 따라 조절할 수 있음.	일정함.
자석의 극	전류의 방향에 따라 바꿀 수 있음.	일정함.

ⓐ 자기장 ⓑ 철 ⓒ 막대자석 ⓓ 전류 ⓔ N

과학퀴즈  달인을 찾아라!

●정답은 115쪽에

01

친구들이 이번 시간에 배운 내용에 대해 이야기하고 있어. 옳으면 O, 옳지 않으면 X를 표시해 줘.

① 전류가 흐르는 전선 주위에 자기장이 생기는 것을 이용해. (   )

② 항상 자석의 성질이 나타나. (   )

③ 세기를 쉽게 조절할 수 있어. (   )

02

왕수재가 전자석 전시회를 보러 과학관을 찾아가고 있어. 전자석과 관련된 단어를 따라가면 미로를 탈출해 과학관에 도착할 수 있대. 왕수재가 미로를 빠져나갈 수 있게 도와 줘.

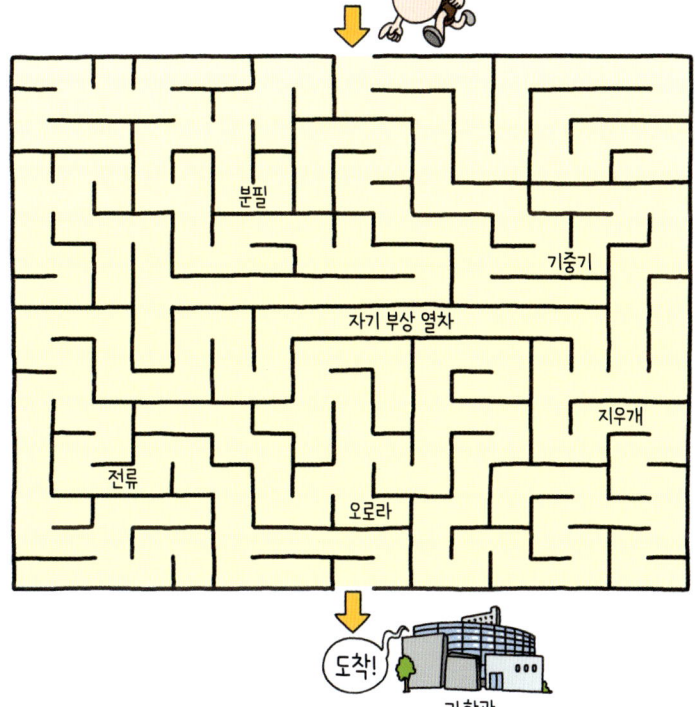

https://cafe.naver.com/yongyong

용선생의 과학 카페

과학계의 핵인싸,
용선생의 과학 카페에
오신 걸 환영합니다.

[Log in]

오늘은 어떤 재미난 지식을 올려 볼까?

MENU
- 물리면 아프다
- 화학이 화하하
- 생물 오징어
- 지구는 둥글다

철가루가 알려 주는 자기장의 모양들

자석 주위에 철가루를 뿌리면 전자석과 막대자석 자기장 모양이 비슷하다는 걸 눈으로 확인할 수 있어. 전류가 흐르는 코일 주위에도 철가루를 뿌리면 철가루가 일정한 모양으로 늘어서면서 자기장의 모양이 나타나거든.

 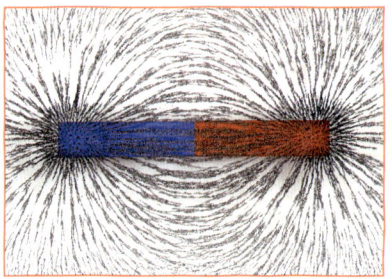

▲ 코일 주위에 철가루가 늘어선 모양   ▲ 막대자석 주위에 철가루가 늘어선 모양

어때? 코일과 막대자석 주위에서 철가루가 늘어선 모양이 비슷하지? 자기장 모양이 비슷하기 때문이야.

코일에 의한 자기장과 전선이 한 번 감겨 있을 때 생기는 자기장은 어떻게 다를까? 코일은 전선을 둥글게 여러 바퀴 감아 만든 거야. 코일 한 바퀴는 직선 전선을 둥글게 구부린 것과 마찬가지지. 그래서

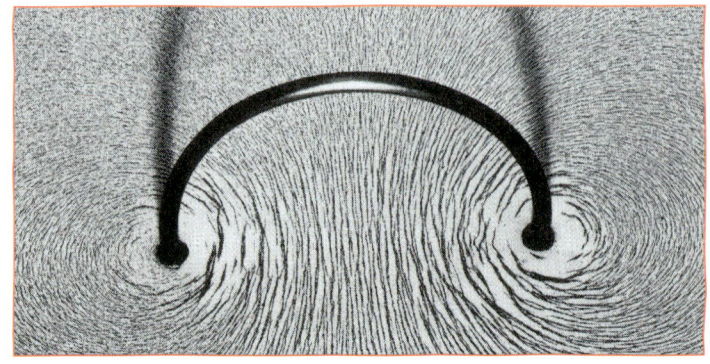

▲ 둥글게 구부린 전선 주위에 철가루가 늘어선 모양

둥글게 구부린 전선 주위에 철가루가 늘어선 모양을 보면 코일 주위에 철가루가 어떤 모양으로 늘어설지 짐작할 수 있어. 코일 한 바퀴마다 생기는 자기장을 모두 합치면 전체 코일의 자기장이 되거든. 막대자석 두 개가 가까이 있을 때에는 철가루가 어떻게 늘어설까? 아래 그림을 보렴.

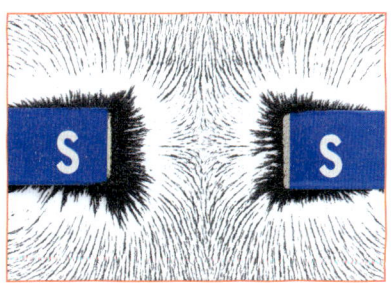
▲ 두 막대자석의 같은 극이 마주 볼 때 철가루가 늘어선 모양

▲ 두 막대자석의 다른 극이 마주 볼 때 철가루가 늘어선 모양

막대자석은 같은 극끼리는 서로 밀어내고 다른 극끼리는 서로 끌어당겨. 그래서 자석의 같은 극끼리 마주 보는지 다른 극끼리 마주 보는지에 따라 철가루가 늘어서는 모양이 달라져. 같은 극끼리 마주 볼 때에는 철가루도 서로 밀어내는 모양으로 늘어서고, 다른 극끼리 마주 볼 때에는 철가루도 서로 끌어당기듯이 이어진 모양으로 늘어서지.

장하다의 오답을 피하는 방법
나선애의 야무진 실험실
왕수재의 아는 척 과학교실
허영심의 별 헤는 밤
곽두기의 빅뱅 따라잡기

COMMENTS

- 와, 철가루들이 꼭 줄지어 있는 것처럼 보여!
  └ 정말이네!
  └ 다른 자석도 해 보자.
  └ 그럼 철가루 뒷정리는 네가 하는 거다!

5교시 | 전동기

이어폰에 왜 자석이 들어 있을까?

소나무야~
소나무야~.

이어폰이 서로 밀어내!

"선애야, 이어폰 좀 빌려주라! 내 건 집에 두고 왔어!"

나선애는 이어폰을 꺼내 허영심에게 건넸다. 잠시 후 허영심이 외쳤다.

"어? 이상해! 이어폰 양쪽을 마주 대니까 이어폰이 서로 밀어내는 것 같아!"

"정말? 나도 해 보자!"

나선애가 이어폰 양쪽을 마주 대어 보더니 고개를 갸웃했다.

"진짜네! 왜 그러지?"

"그 안에 자석이 들어 있기 때문이지."

용선생의 목소리에 허영심과 나선애가 동시에 뒤를 돌아보며 물었다.

"이어폰에 자석이 들어 있다고요? 왜요?"

포일이 저절로 움직여!

"자석이 있어야 이어폰에서 소리가 나거든."

"자석이 있어야 소리가 난다고요?"

"왜 그런지 실험으로 알아보자."

용선생은 알루미늄 포일을 기다랗게 잘라 양끝을 전선 집게로 집고 전지와 전구에 연결했다.

"선생님, 알루미늄 포일은 왜 연결하세요?"

"자, 내가 스위치를 눌러 볼게 어떻게 되는지 보렴."

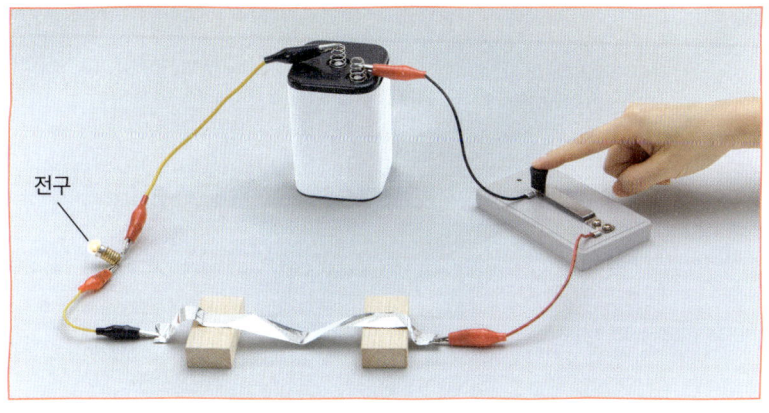
전구

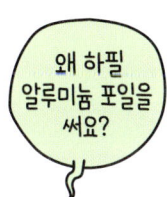
왜 하필 알루미늄 포일을 써요?

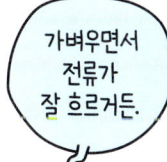
가벼우면서 전류가 잘 흐르거든.

"전구에 불이 들어와요. 포일에도 전류가 흐르나 봐요."

"맞아. 포일도 전선의 역할을 한단다. 이제부터 전류가 흐르는 전선 주위에 자석을 놓으면 어떤 일이 생기는지 이 포일을 통해 알아보자고."

용선생은 포일 위에 말굽자석을 세워 놓고 스위치를 달았다. 그런 뒤 자석을 반대로도 놓고 스위치를 달았다.

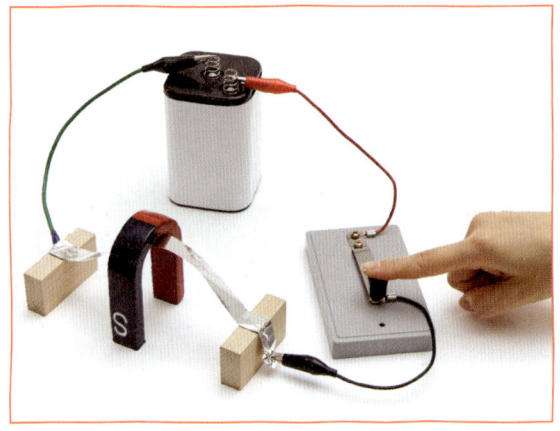 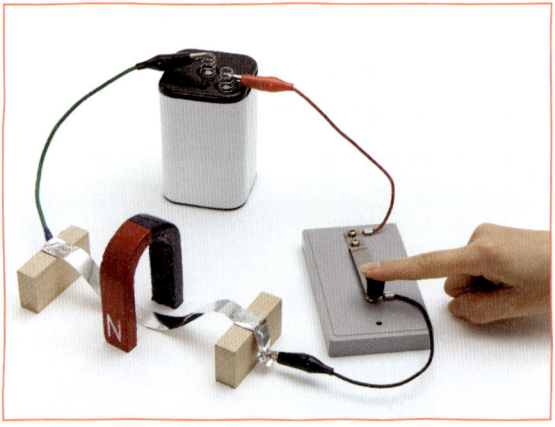

▲ 말굽자석의 방향을 반대로 하면 포일도 반대 방향으로 움직여.

주의
센 전류가 흘러 위험할 수 있으니 스위치를 짧게 눌러야 해.

"우아! 스위치를 누르니까 포일이 저절로 움직여요!"

"처음엔 위로 솟았다가 자석 방향을 바꾸니까 아래로 내려갔어요!"

"손도 안 댔는데 어떻게 포일이 저절로 움직이죠?"

"비밀은 자기장에 있어. 지금 포일 근처에 자석을 놓았지? 자석 주위에는 자기장이 생기잖아. 전류가 흐르는 전선이 자기장 속에 있으면 자기력을 받아. 그래서 알루미늄 포일이 움직인 거야."

왕수재가 손을 번쩍 들고 물었다.

"왜 자석을 반대로 놓으면 포일도 반대로 움직여요? 자석 방향에 따라 뭐가 달라지나요?"

용선생의 과학 현미경

전선이 받는 힘의 방향을 알아내는 방법!

자기장에서 전류가 흐르는 전선이 받는 힘의 방향을 쉽게 알아내는 방법이 있어. 왼손과 오른손, 둘 다 사용할 수 있지.

① 왼손을 사용할 때   ② 오른손을 사용할 때

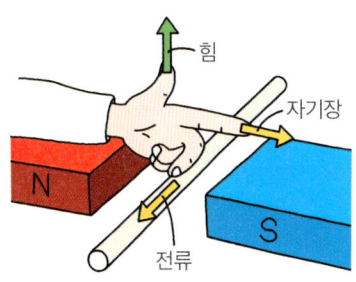 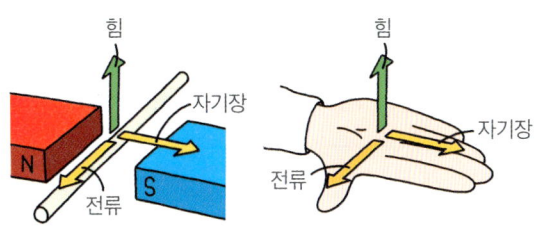

왼손을 위와 같은 모양으로 하고 검지는 자기장, 중지는 전류의 방향을 가리키게 하면, 엄지손가락은 힘의 방향을 가리켜. 자기장은 자석의 N극에서 S극을 향한다는 것, 알고 있지?

오른손의 네 손가락을 자기장의 방향으로 펴고 엄지손가락이 전류의 방향을 가리키게 하면, 손바닥이 향하는 쪽이 힘의 방향이야.

"맞아. 자석을 반대로 놓으면 자기장의 방향도 반대로 바뀌지. 자기장의 방향이 반대로 바뀌면 자기력이 반대 방향으로 작용해서 전선도 반대 방향으로 움직인 거야."

"아, 그렇군요."

용선생이 고개를 끄덕이며 다시 말했다.

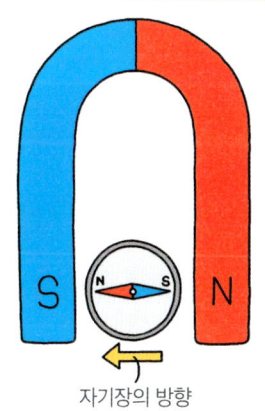

▲ 말굽자석의 두 극 사이에서 자기장은 N극에서 S극을 향해.

"자석 대신 전류의 방향을 바꾸어도 포일이 반대로 움직여. 전류의 방향을 바꾸려면 어떻게 해야 하지?"

"전지의 극을 반대로 연결하면 되죠! 그 정도는 안다고요. 헤헤!"

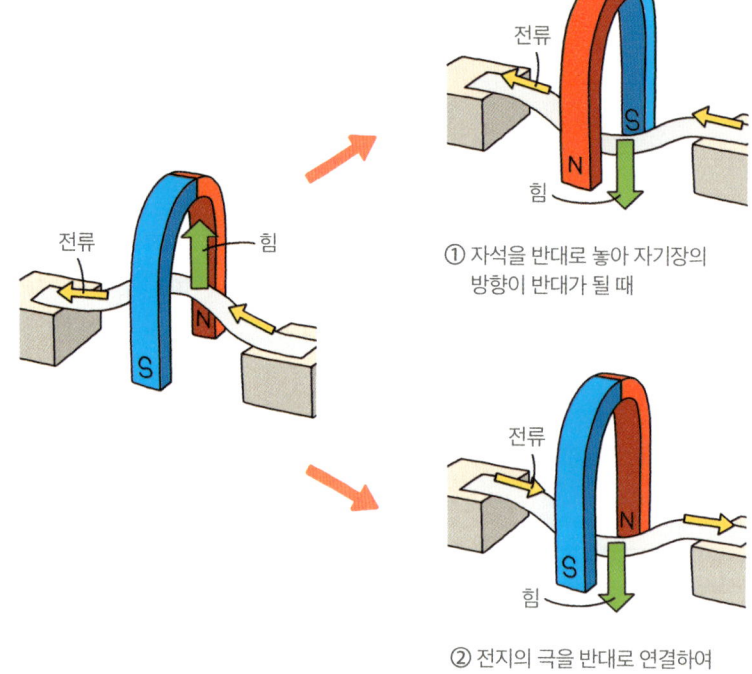

① 자석을 반대로 놓아 자기장의 방향이 반대가 될 때

② 전지의 극을 반대로 연결하여 전류의 방향이 반대가 될 때

▲ 자기장의 방향이나 전류의 방향이 반대가 되면 전선이 움직이는 방향도 반대가 돼.

 핵심정리

전류가 흐르는 전선이 자기장 속에 놓이면 힘을 받아. 전류의 방향이나 자기장의 방향이 반대가 되면 힘의 방향도 반대가 돼.

 ## 이어폰 안에서 무슨 일이 일어날까?

"근데 이 실험이 이어폰 안에 자석이 들어 있는 거랑 무슨 상관이에요?"

"이어폰이나 헤드폰, 스피커 같은 음향 기기에서 소리가 나는 원리가 이와 같거든. 음향 기기는 이어폰이나 스피커 같이 소리와 관련된 전자 기기를 말하는데, 안에 영구 자석과 코일이 들어 있어. 또, 코일에는 진동판이라고 하는 얇은 막이 붙어 있지. 음악을 튼 기기에 이어폰을 연결하면 이어폰 안에 전류가 흐르면서 코일이 자기력을 받게 돼."

"그럼 어떻게 되는데요?"

"실험에서 포일이 움직인 것처럼 코일도 자기력을 받아 움직이지."

"어? 코일에 진동판이 붙어 있다면서요? 그럼 진동판도 같이 움직여요?"

나선애가 묻자 용선생이 세차게 고개를 끄덕였다.

"그렇지! 코일이 움직이면 코일에 붙어 있는 진동판이 따라 움직여. 그런데 이어폰 코일에 흐르는 전류는 알루미늄 포일에 흐르는 전류와 달리 방향이 계속 바뀌어. 그럼 어떻게 되겠니?"

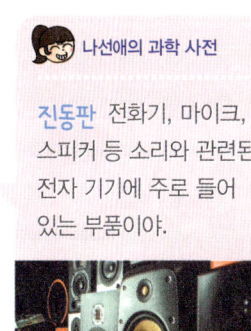

나선애의 과학 사전

진동판 전화기, 마이크, 스피커 등 소리와 관련된 전자 기기에 주로 들어 있는 부품이야.

진동판

"전류의 방향이 바뀌면 코일이 움직이는 방향도 바뀌니까…… 코일이 이쪽으로 움직였다 저쪽으로 움직였다 하면서 왔다 갔다 하나요?"

"맞아! 코일이 앞뒤로 계속 움직여. 그러면 진동판은 어떻게 될까?"

"당연히 진동판도 같이 앞뒤로 계속 움직이겠죠."

"바로 그거야. 코일에 붙어 있는 진동판이 앞뒤로 움직이면서 진동해. 그래서 이름도 진동판이지. 진동판이 떨리면서 이어폰에서 소리가 나는 거란다."

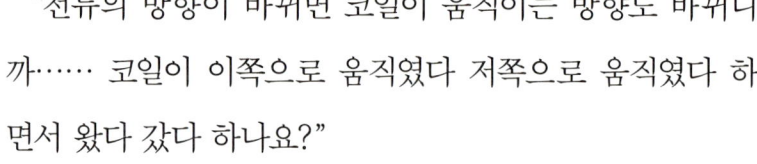

나선애의 과학 사전

진동 떨 진(振) 움직일 동(動). 물체가 한곳에서 반복해서 떨리는 현상을 말해.

스피커 안이 이렇게 돼 있구나!

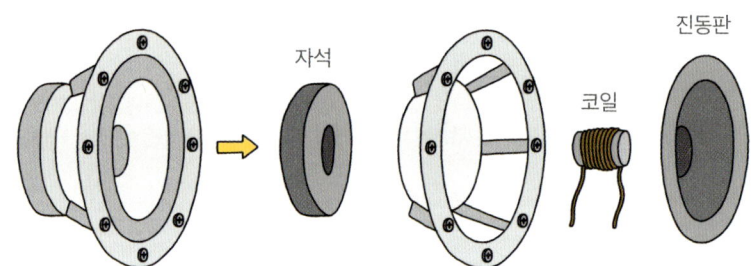

▲ 이어폰과 스피커의 구조

허영심이 과학실 한쪽에 있는 스피커를 가만히 살펴보며 물었다.

"진동판이 떨리면 왜 소리가 나는데요?"

"소리는 물체가 떨려서 생기는 현상이거든. 진동판이 앞뒤로 움직이며 떨리면 주변의 공기도 함께 떨리면서 진동이 퍼져 나가. 그러한 진동이 우리 귀에 도달하면 귓속에 있는 고막이 떨려서 우리가 소리를 듣는 거야."

"스피커의 비밀은 바로 코일의 진동이었군요!"

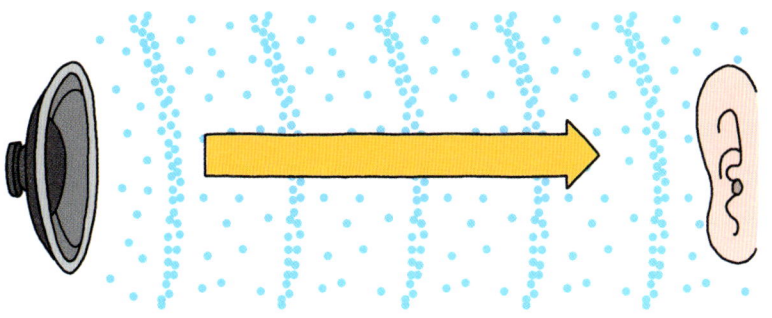

▲ **소리가 들리는 원리** 진동판이 떨리면 그 주변의 공기가 떨리고, 공기의 떨림이 귀로 전달되면 귀의 고막이 떨려서 소리를 듣게 돼.

이어폰이나 스피커에는 자석과 코일이 들어 있어. 코일에 전류가 흐르면 코일이 힘을 받아 떨리고, 코일에 연결된 진동판이 같이 떨리며 소리가 나.

전동 드릴이 돌아가는 원리는?

"음향 기기 말고도 우리 주변에는 자기장 속에서 전류가 흐르는 전선이 힘을 받는 현상을 이용해 만든 기구가 아

나선애의 과학 사전

전동기 전기 전(電) 움직일 동(動) 기계 기(機). 전기를 이용해 물체를 움직이게 하는 기계를 말해. 전기 모터라고도 해.

용선생의 과학 현미경

전동기에는 영구 자석과 전자석 둘 다 쓰여.

전동기에는 정류자라는 장치가 있어서, 코일이 반 바퀴 회전한 후에도 계속 같은 방향으로 회전할 수 있어.

▼ 전동기의 원리

"주 많아."

"어떤 게 있는데요?"

"세탁기나 선풍기, 전동 드릴 같은 거지. 전원을 연결하면 자동으로 돌아가는 전기 기구에 공통적으로 전동기라는 게 들어 있거든."

"전동기요?"

"응. 전동기는 자석과 코일로 이루어져 있어. 전동기의 코일은 전류가 흐르면 자기력을 받아 회전하지."

"진동이 아니라 회전을 하는군요?"

"응. 전동기 코일 양쪽에는 반대 방향으로 전류가 흘러서 힘도 반대 방향으로 작용해. 그래서 코일 한쪽은 위로, 다른 한쪽은 아래로 움직여서 코일이 회전하는 거야. 코일이 회전하면 코일과 연결된 물체도 같이 회전해. 그런 원리로 전동 드릴이나 세탁기가 돌아가는 거란다."

"이야, 양쪽이 반대로 힘을 받아 돌아가는 원리였다니!"

"하하! 냉장고, 엘리베이터, 에스컬레이터, 청소기, 전기

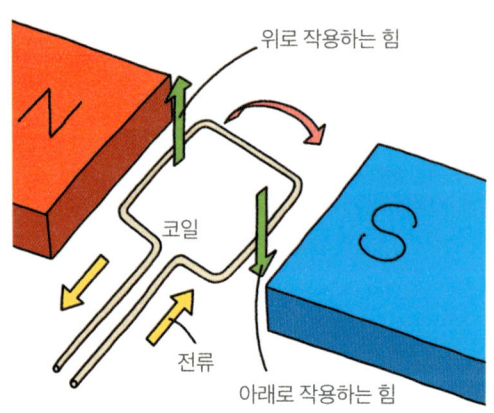

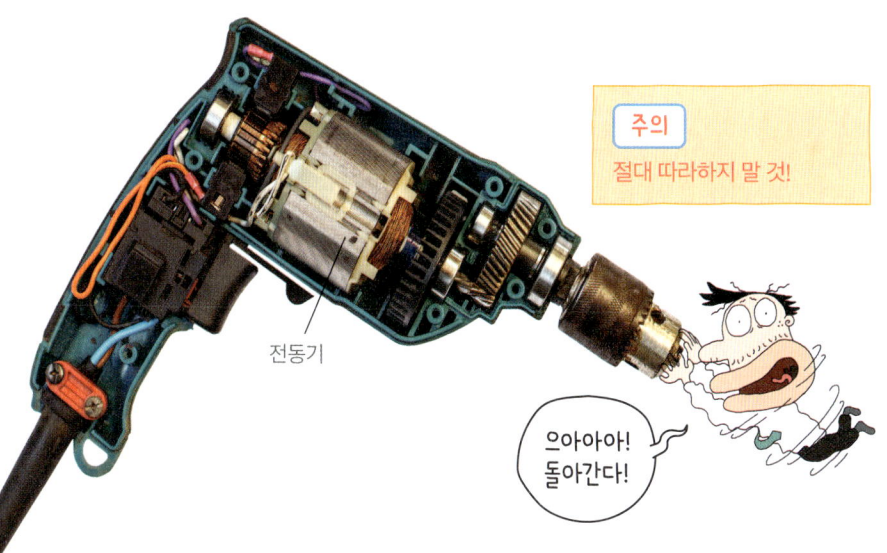

▲ 전동 드릴의 구조

면도기, 전기 자동차 등 전기를 사용하는 기계에는 대부분 전동기가 들어 있어. 그만큼 전동기가 우리 생활에 아주 많이 쓰인다는 얘기지."

"전동기가 없으면 아주 불편해지겠네요."

"그렇지. 전동기가 발명된 후로 일상생활 곳곳에서 전기를 널리 이용하게 됐단다."

"아무 상관도 없어 보이는 이어폰과 전동 드릴이 같은 원리로 작동한다니, 과학은 정말 신기해요!"

"다양하고 복잡한 현상을 아우르는 단순한 원리를 찾아내는 것, 그게 바로 과학이잖니? 하하하!"

전동기는 자기장 속에서 코일에 전류가 흐르면 코일이 힘을 받아 회전하도록 만든 장치야. 세탁기, 전동 드릴, 선풍기, 청소기 등에 들어 있어.

나선애의 정리노트

1. 자기장 속에서 전선이 받는 힘
① 전류가 흐르는 전선이 ⓐ_____ 속에 있으면 힘을 받아 움직임.
② ⓑ_____나 자기장의 방향이 반대로 바뀌면 힘의 방향도 반대로 바뀜.

2. 음향 기기
① 자석과 코일, 진동판이 들어 있음.
② 자석 주위에서 코일에 전류가 흐르면 코일이 자기력을 받아 진동하며, ⓒ_____이 같이 진동해서 소리가 남.
  예) 스피커, 이어폰, 헤드폰

3. 전동기
① 자석과 코일이 들어 있음.
② 전류가 흐르면 ⓓ_____이 힘을 받아 회전함.
③ 전동기를 이용하는 예: 세탁기, 선풍기, 전동 드릴 등

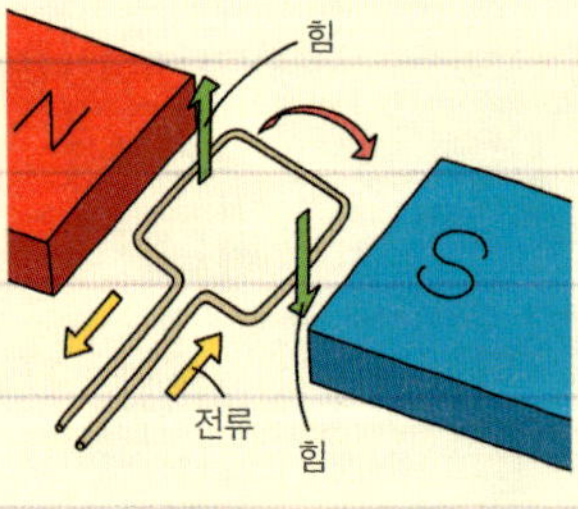

ⓐ 자기장 ⓑ 전류 ⓒ 진동판 ⓓ 코일

과학퀴즈 달인을 찾아라!

●정답은 115쪽에

01

친구들이 이번 시간에 배운 내용에 대해 이야기하고 있어. 옳으면 O, 옳지 않으면 X를 표시해 줘.

① 전동기에 자석은 들어 있지 않아. (   )
② 전류가 흐르면 코일이 회전해. (   )
③ 선풍기, 세탁기에 들어 있어. (   )

02

다음 설명에 해당하는 단어를 아래 네모칸에서 찾아 동그라미로 표시해 줘.

[힌트] 가로, 세로, 또는 대각선 방향으로 단어를 찾아!

> 전동기는 ○○○ 속에서 코일에 ○○가 흐르면 코일이 힘을 받아 ○○하도록 만들어진 장치야.

생	선	회	전
자	화	자	찬
기	승	전	결
장	어	패	류

6교시 | 전자기 유도

전지가 없는데 어떻게 불이 켜지지?

자전거에서 빛이 나!

움직이니까 바퀴에 불이 켜지네! 신기하다!

교과연계

- 초 3-1 자석의 이용
- 초 6-2 전기의 이용
- 중 3 에너지 전환과 보존

전지가 없는데도 불이 켜지는 까닭을 알아보자!

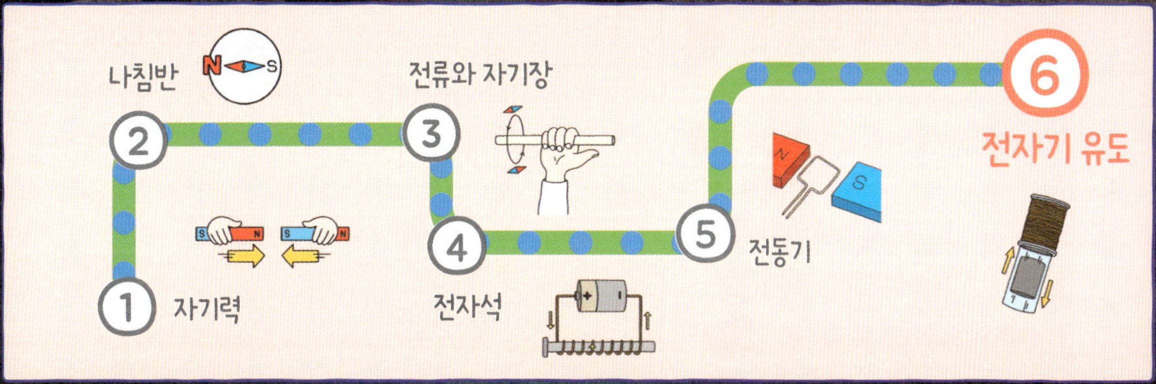

① 자기력
② 나침반
③ 전류와 자기장
④ 전자석
⑤ 전동기
⑥ **전자기 유도**

"흔들면 왜 불이 켜지지?"

"이거 어떻게 켜는 거지?"

"이상하네. 전지 넣는 곳이 없어!"

장하다와 곽두기가 뭔가를 이리저리 살펴보며 이야기했다. 나선애가 과학실에 들어서며 물었다.

"뭔데 그래?"

"손전등인데 어떻게 켜는지 모르겠어."

장하다가 손전등을 내밀자 나선애가 빙긋 웃으며 말했다.

"이건 흔들면 돼!"

나선애가 손전등을 흔들자 손전등에 불이 켜졌다.

"와! 진짜네?"

"신기하다! 전지도 없는데 어떻게 불이 켜지는 거야?"

"그것까지는 모르지. 용선생님께 여쭤보자!"

 ## 자석으로 전기를 만드는 방법?

때마침 용선생이 과학실에 들어섰다. 장하다가 용선생에게 손전등을 보여 주며 말했다.

"선생님, 이것 좀 보세요! 전지가 없는데 흔들기만 하면 불이 켜져요."

"왜 흔들면 불이 켜져요?"

"그건 전자기 유도라는 현상 때문이야."

"네? 그게 뭐예요?"

"하하! 이제부터 자세히 설명해 주지. 전지가 없어도 흔들기만 하면 불이 켜지는 원리가 무엇인지 실험으로 알아보는 건 어때?"

"좋아요!"

용선생은 서랍에서 자석과 코일, 검류계를 꺼낸 뒤 코일을 검류계에 연결했다. 왕수재가 검류계를 신기하게 바라보며 물었다.

"그건 뭐예요?"

"이건 전류를 측정하는 장치로, 검류계라고 해. 전류가 흐르면 바늘이 움직이고, 전류가 흐르지 않으면 바늘이 움직이지 않지. 지금부터 코일에 자석을 넣었다 뺐다 해

 곽두기의 낱말 사전

유도 꾈 유(誘) 인도할 도(導). 어떤 현상이 일어나도록 간접적으로 이끄는 거야.

▲ **검류계** 전류가 흐르는지 측정하는 장치로, 매우 약한 전류도 측정할 수 있어.

볼 테니 검류계 바늘이 움직이는지 잘 관찰하렴."

용선생은 자석을 코일에 넣었다 뺐다 반복했다.

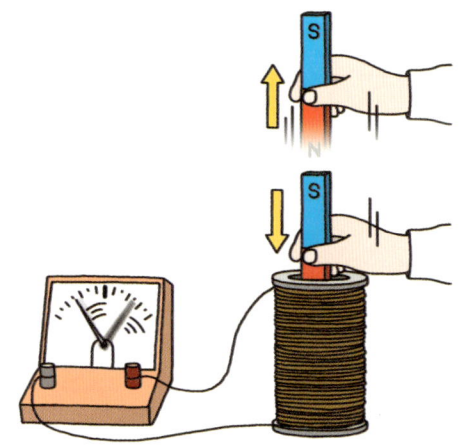

▶ 자석을 움직이면 검류계 바늘이 움직여.

"검류계 바늘이 움직여요!"

"전지가 없는데도 코일에 전류가 흐르나 봐요!"

"그래, 맞아. 이번엔 자석은 가만히 두고 코일을 위아래로 움직여 볼게."

용선생이 코일을 위아래로 움직이기 시작했다.

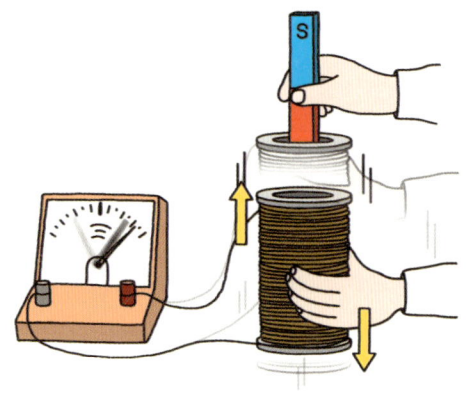

▶ 코일을 움직여도 검류계 바늘이 움직여.

"오, 자석이 가만히 있어도 코일이 움직이니까 전류가 흘러요!"

"맞아. 이처럼 자석이나 코일 둘 중 하나가 움직이면 코일에 전류가 흐른단다."

"자석과 코일 둘 다 가만히 있으면 어떻게 돼요?"

그러자 용선생은 코일 위에 자석을 잡고 가만히 있었다.

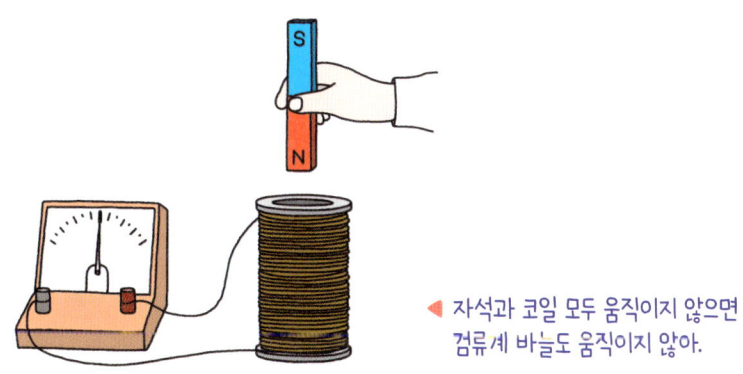

◀ 자석과 코일 모두 움직이지 않으면 검류계 바늘도 움직이지 않아.

"자석이 가만히 있으니까 검류계 바늘도 움직이지 않는데요?"

"정말 자석이나 코일이 움직여야 전류가 흐르는구나."

이때 장하다가 고개를 갸우뚱하며 물었다.

"어째서 자석이나 코일이 움직이면 전류가 흘러요? 움직이면 무슨 일이 일어나는데요?"

"자석이나 코일이 움직이면 코일을 통과하는 자기장이

시간에 따라 변해. 그럼 전지가 없어도 코일에 전류가 흐른단다. 이렇게 자기장이 변하면서 코일에 전류가 유도되는 현상이 바로 전자기 유도야. 이때 생기는 전류를 '유도 전류'라고 하지."

"유도가 이끌어 낸다는 뜻이니까, 전류를 이끌어 낸다는 말인가요?"

"그렇지. 지난 시간에 배운 전자석이 전기를 이용해 자기장을 만든 거라면, 지금은 자기장을 이용해 전기를 만들어 내는 실험을 한 거야. 전자석 다들 기억하지?"

그러자 왕수재가 큰 소리로 외쳤다.

전자석이 없었다면 큰일 날 뻔했다고!

"물론이죠! 전자석이 없었다면 저는 지금까지도 막대자석에서 철가루를 하나하나 떼고 있었을걸요!"

아이들이 키득거리는 가운데 용선생이 계속 말했다.

"외르스테드가 1820년에 전류가 흐르면 자기장이 생긴다는 걸 발견했다고 했지? 그 뒤로 과학자들은 자기장으로부터 전류가 생기지는 않을까 궁금해 했어."

"전류가 자기장을 만드니까, 거꾸로 자기장이 전류를 만들 수도 있겠다고요?"

"맞아. 그로부터 12년 후 영국의 과학자 패러데이가 드디어 자기장으로부터 전류를 유도할 수 있다는 것을 발견

▲ **마이클 패러데이**
(1791년~1867년) 영국의 물리학자이자 화학자야. 전자기 유도 현상을 발견했어.

했지. 단, 자석이나 코일이 움직여서 코일을 통과하는 자기장이 변할 때에만 말이야."

"자기장이 변해야 한다는 게 핵심이군요."

"그렇지!"

"전지가 없어도 전류가 흐를 수 있다니, 정말 신기해요!"

 **핵심정리**

코일 주위에서 자석을 움직이거나 자석 주위에서 코일을 움직이면 코일을 통과하는 자기장이 변해. 자기장이 변하면 코일에 전류가 유도되는데 이런 현상을 전자기 유도라고 하고, 이때 생기는 전류를 유도 전류라고 해.

 ## 흔들기만 하면 불이 켜져!

"선생님, 그래서 손전등을 흔들면 불이 켜지는 까닭이 뭐예요?"

"조금 전에 실험에서 봤지? 자석 또는 코일을 위아래로 움직이면 전류가 생기는 것."

그러자 곽두기가 손뼉을 짝 치며 말했다.

"아! 손전등을 흔들면 자석이나 코일이 위아래로 움직이면서 전류가 생기는 건가요?"

"그렇지! 이 손전등 안에는 자석과 코일이 들어 있어. 손전등을 흔들면 자석이 움직이면서 코일에 유도 전류가 생겨 전구에 불이 켜지는 거야. 이런 손전등을 자가 발전 손전등이라고 해."

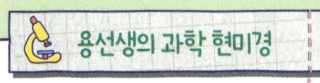 용선생의 과학 현미경

자석을 가까이 할 때와 멀리 할 때 유도 전류의 방향은?

코일에 자석을 가까이 할 때와 멀리 할 때 생기는 유도 전류는 서로 방향이 반대야. 또, 자석의 N극을 가까이 할 때와 S극을 가까이 할 때 생기는 유도 전류도 서로 반대 방향이지.

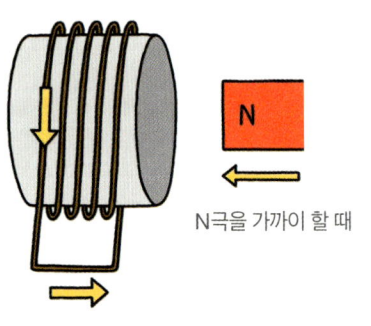

▲ N극을 가까이 할 때 유도 전류의 방향

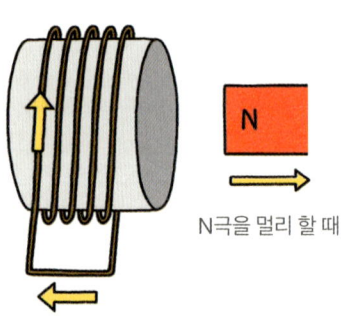

▲ N극을 멀리 할 때 유도 전류의 방향

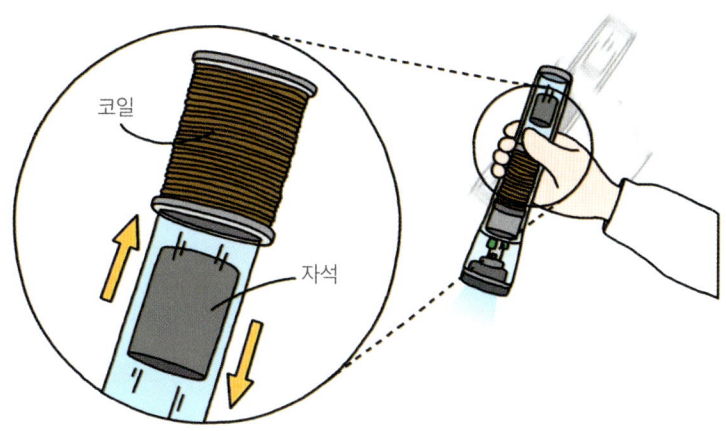

▲ **자가 발전 손전등의 원리** 전지가 없어도 손전등을 흔들면 전류가 유도돼 전구에 불이 켜져.

"이 작은 손전등 안에서 전자기 유도가 일어난다니!"

곽두기가 손전등을 신기한 듯 바라보며 말했다.

"우리 주변에는 전자기 유도 현상을 이용하는 것들이 아주 많아. 마이크도 그중 하나야."

"마이크 안에도 자석과 코일이 들어 있어요?"

"응. 마이크 앞에서 소리를 내면 주변 공기가 떨리고, 공기가 떨리면 마이크 안에 들어 있는 진동판이 떨려. 그럼 진동판에 붙어 있는 코일이 움직이지."

"이어폰이랑 스피커에도 진동판이 있었는데, 마이크에도 진동판이 있어요?"

"응. 마이크는 전자기 유도를 이용하여 소리를 전기 신호로 바꾸는 장치야. 자기장 안에서 코일이 움직이면 유

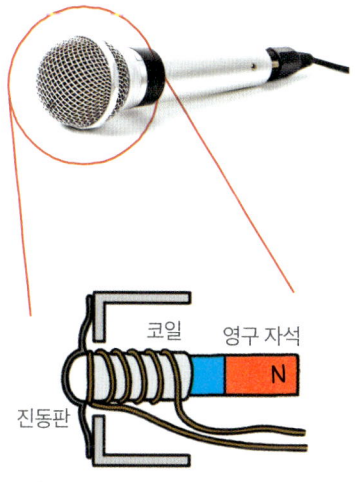

▲ **마이크의 구조** 자석 근처의 코일이 움직여 코일에 전류가 유도돼.

용선생의 과학 현미경

스피커는 마이크와 구조가 비슷하지만 작동 원리는 정반대야. 스피커는 전기 신호를 소리로 바꾸고, 마이크는 소리를 전기 신호로 바꾸지.

도 전류가 생겨. 그렇게 해서 소리가 전기 신호로 바뀌는 거야."

"와, 지난번에 배운 스피커와는 정반대네요."

"그렇지!"

아이들이 고개를 끄덕이자 용선생이 말을 이었다.

"혹시 움직이면 바퀴에 불이 켜지는 발광 킥보드를 본 적 있니?"

"네, 있어요! 밤에 바퀴가 돌아가면서 반짝반짝 빛나니까 엄청 예쁘던데요?"

허영심이 눈을 초롱초롱 빛내며 말하자 용선생이 웃으며 설명했다.

"킥보드가 움직이면 바퀴에 불이 켜지는 것도 전자기 유도의 원리란다. 발광 킥보드 바퀴에는 영구 자석과 코일이 들어 있어서, 바퀴가 돌아갈 때 코일이 함께 돌며 유도

▲ **발광 킥보드** 바퀴가 구르면 전류가 유도돼 불이 켜져.

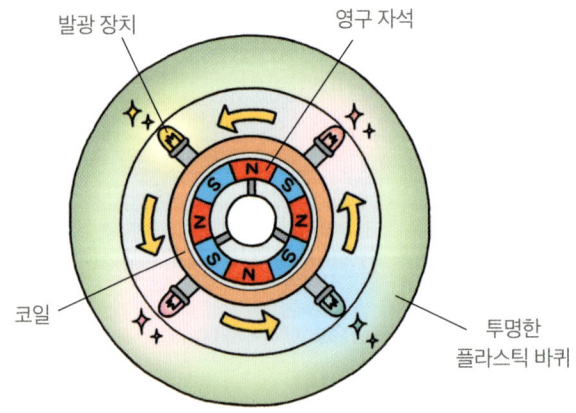

▲ **발광 킥보드의 바퀴 구조**

전류가 생겨. 그래서 바퀴에 반짝반짝 깜빡깜빡 하는 불이 켜지지."

"오, 그렇군요! 볼 때마다 어떻게 불이 켜지는지 궁금했는데, 이제 알았어요!"

손전등을 흔들면 그 안의 자석이 움직여. 자석이 움직이면 코일에 전류가 유도돼 전구에 불이 켜져.

 ## 전기는 어떻게 만들어질까?

용선생은 물을 한 모금 마신 뒤 말을 이었다.

"이처럼 전자기 유도를 이용하면 전류를 만들 수 있어. 전자기 유도를 이용하여 전류를 만드는 장치를 발전기라고 해. 발전기는 전기를 만드는 기계란 뜻이지."

"발전기요? 그거 발전소에 있는 기계 아니에요? 많이 들어 봤는데."

"하하, 너희가 아는 그 발전기 맞아. 발전기는 발전소에 있는 커다란 것도 있지만 손으로 손잡이를 돌려 전기를 만

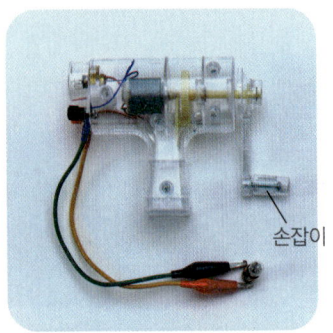

▲ **손 발전기** 손잡이를 돌리면 전자기 유도가 일어나 전류가 흘러서 전구에 불이 켜져.

드는 작은 것도 있단다."

"와, 손으로 돌리는 조그만 발전기도 있다니."

"하지만 전기를 만드는 기본적인 원리는 같아."

"전자기 유도를 이용해서 전기를 만든다는 거요?"

"그렇지! 그리고 자석과 코일이 들어 있다는 것!"

아이들이 고개를 끄덕이자 용선생이 이어 말했다.

"지난 시간에 세탁기나 선풍기가 전동기로 작동한다고 했던 거 기억하니?"

"네, 기억나요!"

"전동기가 무엇으로 되어 있는지도?"

나선애가 얼른 노트를 뒤져 보더니 말했다.

"어? 맞다! 전동기도 자석과 코일로 되어 있는데요?"

"맞아. 발전기와 전동기 둘 다 자석과 코일이 들어 있어. 다만 작동하는 원리가 다르지. 전동기는 지난 시간에 배웠듯이 전류가 흐르면 코일이 회전하면서 코일에 연결된 물체를 회전시키는 장치야."

"맞아요. 전동기의 핵심은 전류로 코일이 돌아가게 한다는 거죠."

"그렇지! 그에 비해 발전기는 코일을 회전시켜서 전기를 만든단다. 유도 전류를 일으켜서 말이야."

용선생이 화면에 그림을 띄우자 아이들이 앞으로 몰려와 자세히 들여다보았다.

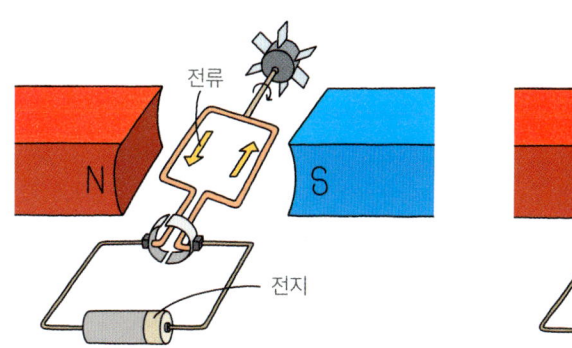

▲ **전동기의 원리** 전류가 흐르는 코일이 자기장 속에서 힘을 받아 회전해.

▲ **발전기의 원리** 터빈이란 장치가 돌면서 자기장 속에서 코일이 회전해 유도 전류가 생겨.

"한마디로 전동기는 전기를 이용하는 거고, 발전기는 전기를 만드는 거네요!"

용선생이 고개를 크게 끄덕이며 말을 이었다.

"바로 그거지. 우리가 사용하는 대부분의 전기는 발전소에서 만들어져. 손으로 손잡이를 돌리는 조그만 손 발전기와 달리, 발전소에 있는 커다란 코일을 돌리려면 아주 큰 힘이 필요해."

"그럼 발전소에서는 어떻게 코일을 돌려요?"

"엄청나게 힘이 센 사람이 돌려야 하나?"

장하다의 말을 듣고 용선생이 껄껄 웃었다.

"하하, 그건 아니고 발전소마다 조금씩 달라. 풍력 발전소에서는 바람을 이용하여 코일을 돌리고, 수력 발전소에서는 높은 곳에서 떨어지는 물을 이용해 코일을 돌려. 또, 화력 발전소에서는 물이 끓을 때 생기는 증기를 이용하지. 바닷가에는 파도를 이용하는 파력 발전소, 밀물과 썰물을 이용하는 조력 발전소 등이 있어."

"발전소의 종류가 다양하네요."

"응. 무엇을 이용해 코일을 돌리느냐에 따라 발전소의 종류가 달라져. 반대로 생각하면 코일을 돌려서 전기를 일으킨다는 점은 모두 같으니, 다양한 발전소들이 모두 같은 원리로 전기를 만들어 낸다고도 볼 수 있지."

▼ 코일을 돌리는 방법에 따른 발전소의 종류

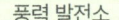 풍력 발전소  바람을 이용해 코일을 돌려.

수력 발전소  높은 곳에서 떨어지는 물을 이용해 코일을 돌려.

발전기

화력 발전소  물이 끓을 때 생기는 증기를 이용해 코일을 돌려.

▲ **수력 발전소의 발전기** 수력 발전소에서는 높은 곳에서 떨어지는 물을 이용해 터빈을 돌려. 그럼 터빈과 연결된 발전기의 코일이 돌아가면서 유도 전류가 생기지.

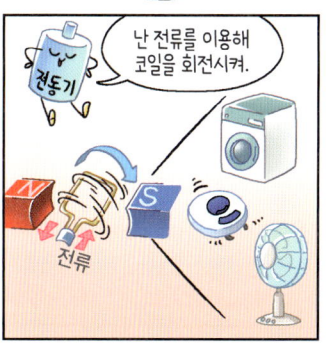

용선생이 수력 발전소의 발전기 사진을 띄우자 아이들이 기대한 크기에 입을 쩍 벌리고 한참을 바라보았다.

"우리가 사용하는 전기가 자석을 이용해 만들어진다니, 정말 놀라운 사실이다."

"자석이 얼마나 중요한지 똑똑히 알았어요!"

"아주 중요한 걸 깨달았구나! 이걸로 자기 수업 끝!"

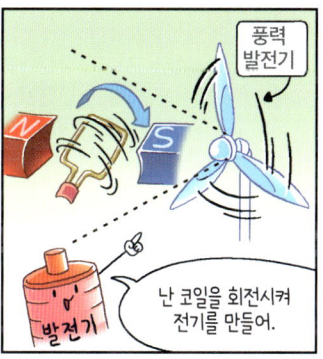

발전기는 전자기 유도를 이용하여 전류를 만드는 장치야. 발전기로 전기를 만드는 발전소로는 수력 발전소, 화력 발전소, 풍력 발전소 등이 있어.

나선애의 정리노트

1. 전자기 유도
① 자석이나 코일을 움직여서 코일을 통과하는 자기장이 변할 때 코일에 ⓐ _____ 가 유도되는 현상
② ⓑ _____ : 전자기 유도에 의해 코일에 유도되는 전류
③ 전자기 유도를 이용하는 예: 자가 발전 손전등, 마이크, 발광 킥보드, 발전기

2. 발전기
① ⓒ _____ 유도를 이용하여 전류를 발생시키는 장치
② 자석과 코일로 되어 있으며, 전동기와 구조는 비슷하지만 작동 원리가 반대임.

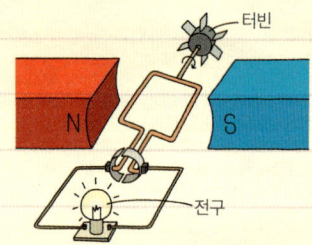

3. 발전소
① ⓓ _____ 를 이용해 전기를 만들어 내는 시설
② ⓔ _____ 을 돌리는 방법에 따라 풍력 발전소, 수력 발전소, 화력 발전소 등으로 종류가 나뉨.

ⓐ 전류 ⓑ 유도 전류 ⓒ 전자기 ⓓ 발전기 ⓔ 터빈

 과학퀴즈 달인을 찾아라!

●정답은 115쪽에

01

친구들이 이번 시간에 배운 내용에 대해 이야기하고 있어. 옳으면 O, 옳지 않으면 X를 표시해 줘.

① 자석이나 코일이 움직일 때 생겨. (   )
② 전류가 흐를 때 주위에 자기장이 생기는 현상을 말해. (   )
③ 마이크는 전자기 유도 현상을 이용해. (   )

02

친구들이 아이스크림을 걸고 사다리타기를 하고 있어. 전자기 유도와 관련된 말을 따라가면 아이스크림의 주인을 찾을 수 있대. 누가 아이스크림을 먹게 될지 알아맞혀 봐!

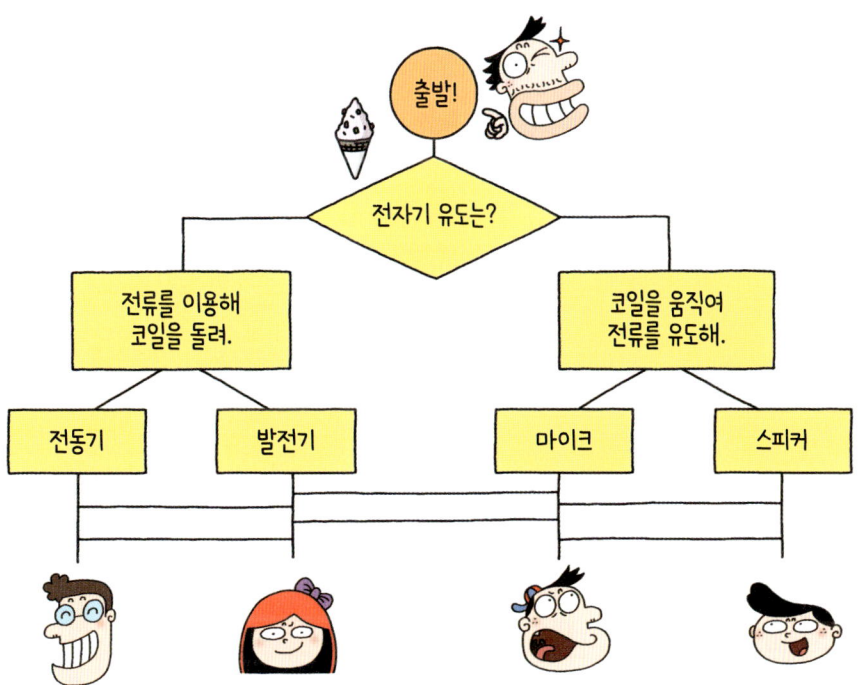

| 용선생의 과학 카페 | 용선생의 한국사 카페 | 용선생의 세계사 카페 |

https://cafe.naver.com/yongyong

용선생의 과학 카페

과학계의 핵인싸,
용선생의 과학 카페에
오신 걸 환영합니다.

Log in

오늘은 어떤 재미난 지식을 올려 볼까?

MENU

물리면 아프다
화학이 화하하
생물 오징어
지구는 둥글다

전자기 유도가 이렇게 많이 쓰인다고?

우리 주변에는 전자기 유도를 이용한 장치가 아주 많아. 놀이공원에 가면 높은 곳에서 떨어지는 기분을 느낄 수 있는 자이로드롭이란 놀이 기구가 있어. 자이로드롭은 빠르게 내려오다가 땅 근처에서 갑자기 멈추는데, 이것도 전자기 유도의 원리야.

자이로드롭의 탑승 의자 뒤에는 자석이 붙어 있고, 기둥 아래쪽에는 금속판이 있어. 자이로드롭이 내려올 때 의자에 붙어 있는 자석이 함께 내려오는데, 이때 금속판을 통과하는 자기장이 변하면서 금속판에 유도 전류가 생겨. 그런데 유도 전류는 항상 자석의 움직임을 방해하는 방향으로 생기거든. 따라서 금속판의 유도 전류가 탑승 의자에 붙은 자석이 내려오는 걸 방해하는 힘으로 작용하지. 그래서 자이로드롭이 땅 위에서 멈추는 거야.

▼ 자이로드롭

전자기 유도는 자석이 없어도 일어날 수 있어. 코일에 흐르는 전류의 세기나 방향이 시간에 따라 변하면, 이 전류에 의해 생기는 자기장도 시간에 따라 변해. 자석이 움직일 때와 마찬가지로 자기장이 변하니까 주변 다른 코일에 전류가 유도되지. 교통 카드가 바로 이런 원리를 이용한 도구야. 교통 카드 단말기에는 시간에 따라 세기와 방향이 변하는 전류가 흘러서 자기

▲ 교통 카드를 단말기에 대는 모습

▲ 교통 카드의 구조 단말기에 가까이 하면 유도 전류가 생겨.

- 장하다의 오답을 피하는 방법
- 나선애의 야무진 실험실
- 왕수재의 아는 척 과학교실
- 허영심의 별 헤는 밤
- 곽두기의 빅뱅 따라잡기

장도 계속 변해. 자기장이 변하니까 교통 카드를 단말기에 가까이 하면 전자기 유도에 의해 교통 카드 코일에 유도 전류가 생겨. 이 유도 전류가 메모리 칩의 정보를 단말기로 보내서 요금이 처리되는 거야.

무선으로 스마트폰을 충전하는 것도 전자기 유도를 이용하는 거야. 무선 충전기에 전원을 연결하면 충전기 내부 코일에 시간에 따라 변하는 전류가 흘러. 그럼 자기장이 변하니까 전자기 유도에 의해 스마트폰 안에 있는 코일에 유도 전류가 생겨서 충전이 돼.

▲ 스마트폰 무선 충전기

COMMENTS

 전자기 유도 체험하러 놀이공원 가자!

└ 좋아! 과학은 뭐니 뭐니 해도 실험이지!

└ 다들 교통 카드 빵빵하게 충전했지?

└ 헉! 나 0원인데…ㅠㅠ

가로세로 퀴즈

자기에 관한 가로세로 퀴즈야. 빈칸을 채워 봐.
띄어쓰기는 무시해도 돼.

 가로 열쇠	① 자석과 철로 된 물체가 서로 끌어당기고, 자석의 같은 극끼리는 서로 밀어내고 다른 극끼리는 서로 끌어당기는 힘 ② 주위에 자석이 없는 평평한 곳에 놓으면 바늘이 항상 북쪽과 남쪽을 가리켜 방향을 알아내는 데 쓰이는 도구 ③ 전자기 유도를 이용하여 전류를 만드는 장치 ④ 전류가 흐르는 전선 주위에 자기장이 생긴다는 것을 발견한 덴마크의 과학자 ⑤ 코일을 통과하는 자기장이 변할 때 코일에 전류가 유도되는 현상 ⑥ 전자기 유도 현상을 발견한 영국의 과학자 ⑦ 코일을 통과하는 자기장이 변할 때 생기는 전류
 세로 열쇠	❶ 자기력이 작용하는 공간 ❷ 구리선 겉면에 전류가 흐르지 않도록 에나멜을 입힌 전선. 전자석을 만들 때 쓰임. ❸ 자석과 코일로 되어 있으며, 코일에 전류가 흐르면 코일이 힘을 받아 회전하도록 만들어진 장치 ❹ 아랫부분에 강력한 전자석이 있어 무거운 폐차나 철 조각을 옮길 때 사용하는 기계. 전자석 ○○○ ❺ 전기 신호를 소리로 바꿔 멀리까지 들리게 하는 장치. 코일에 전류가 흐를 때 코일이 힘을 받아 움직이는 것을 이용해 소리를 만듦. ❻ 전류가 흐를 때 주위에 자기장이 생기는 것을 이용해 만든 자석. 보통 철로 된 막대에 전선을 여러 번 감아 전지와 연결하여 만듦. ❼ 전자기 유도를 이용하여 소리를 전기 신호로 바꾸는 장치 ❽ 전류가 흐르는지 측정하는 장치. 매우 약한 전류도 측정할 수 있음.

●정답은 115쪽에

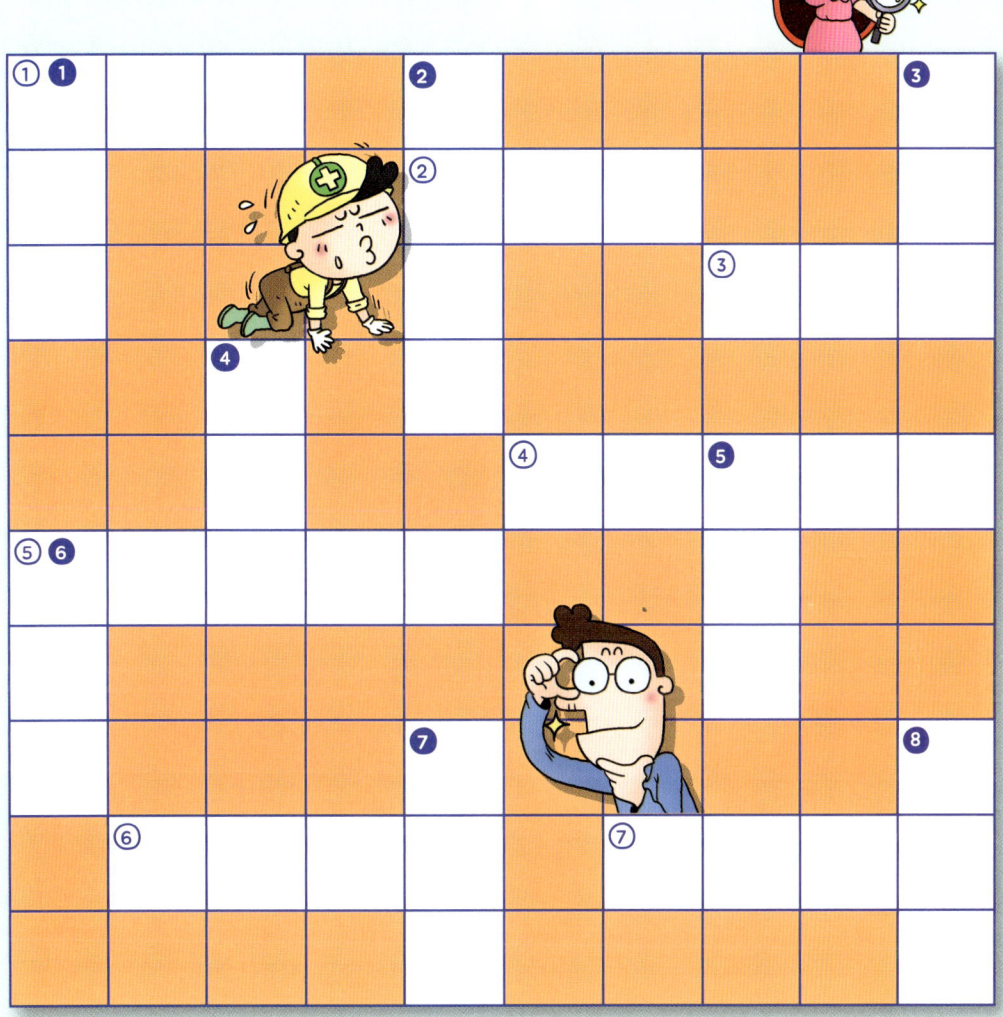

용선생의 시끌벅적 과학교실

교과서 속으로

> 교과서에서는 어떻게 배울까?

초등 3학년 1학기 과학 | 자석의 이용

자석에서 클립이 많이 붙는 부분은 어느 곳일까?

- **자석의 극**
  - 자석에서 철로 된 물체가 많이 붙는 부분이다.
  - N극과 S극, 항상 두 개이다.
  - 물에 띄웠을 때 북쪽을 가리키는 쪽을 N극, 남쪽을 가리키는 쪽을 S극이라고 한다.

- **막대자석과 둥근기둥 모양 자석**
  - 자석의 극은 양쪽 끝부분에 있다.

 고리자석과 동전 모양 자석은 양쪽 면에 자석의 극이 있어!

초등 3학년 1학기 과학 | 자석의 이용

자석을 다른 자석에 가까이 가져가면 어떻게 될까?

- **자석을 철로 된 물체에 가까이 가져갈 때**
  - 철로 된 물체가 자석에 끌려온다.

- **자석을 다른 자석에 가까이 가져갈 때**
  - 같은 극끼리는 서로 밀어내고, 다른 극끼리는 서로 끌어당긴다.
  - 막대자석을 나침반 가까이 가져가면 나침반 바늘이 움직여 자석의 극을 가리킨다.
    ↳ 나침반 바늘도 자석이기 때문이다.

 자석 주위에 나침반을 놓으면 자기장의 방향을 알 수 있어!

| 초등 6학년 2학기 과학 | 전기의 이용 |

전자석은 어떤 성질이 있을까?

- **전자석**
  - 전류가 흐르는 전선 주위에 자석의 성질이 나타나는 것을 이용해 만든 자석이다.
  - 철심에 에나멜선을 여러 번 감아 전기 회로와 연결해 만들 수 있다.

- **전자석의 성질**
  - 전류가 흐를 때에만 자석의 성질이 나타난다.
  - 세기와 극을 조절할 수 있다.

 선풍기나 스피커에도 전자석이 들어 있어!

| 중 2학년 과학 | 전기와 자기 |

전류의 자기 작용

- **전류에 의한 자기장**
  - 전류가 흐르는 전선 주위에는 자기장이 생긴다.
  - 전류의 방향이 바뀌면 자기장의 방향도 바뀐다.

- **전류가 흐르는 전선이 받는 힘**
  - 자기장 속에서 전류가 흐르는 전선은 힘을 받는다.
  - 전동기는 자기장 속에서 코일에 전류가 흐를 때 코일이 받는 힘을 이용한 장치이다.

 벌써 배운 내용이네! 중학교 과학도 걱정 없어!

찾아보기

검류계 93-95
고리자석 16-17
고막 85
공중 부양 스피커 12, 21, 64
교통 카드 108-109
구리(선) 18, 61
길버트 35
나침반 30-40, 43, 46-53, 55, 68-69, 71
남극 35-36, 40
네오디뮴 자석 18
니켈 14, 18, 26-27, 35
동심원 53, 56
동전 모양 자석 16-18
마이크 18, 83, 99-101, 106
막대자석 13, 16-20, 26-27, 31-32, 35-38, 60, 68-69, 72, 74-75, 96
말굽자석 16-17, 80-81
머리핀 37-39, 63
무선 충전기 109
발광 킥보드 100-101, 106
발전기 101-106
발전소 101, 103-106
볼트 70-71
북극 35-37, 40
쇠못 61-63, 68
수력 발전소 104-106
스테인리스강 27
스피커 12-13, 18-19, 21, 23, 64, 83-85, 88, 99-100
알니코 자석 18

알루미늄 18
암페어 54
에나멜선 61, 70-71
영구 자석 62, 65, 67, 70, 72, 83, 86, 99-100
오로라 42
외르스테드 47-49, 96
원자 26-27
유도 전류 96-98, 100-103, 105-106, 108-109
이어폰 78-79, 83-85, 87-88, 99
자가 발전 손전등 98-99, 106
자기 부상 열차 63-64, 72
자기력 20, 23-24, 32, 35-36, 80-81, 83, 86, 88
자기장 20-21, 23-24, 32, 35, 48-56, 61-63, 65, 67-69, 72, 74-75, 80-82, 85, 87-88, 96-97, 99, 103, 106, 108-109
자기화(자화) 38-40
자석의 극(자극) 17-19, 24, 38-39, 72
자이로드롭 108
자전축 36-37
전동 드릴 85-88
전동기 86-88, 102-103, 105-106
전류 48-56, 61-72, 74, 79-88, 93-103, 105-106, 108-109
전자기 유도 93, 96-102, 105-106, 108-109
전자석 62-72, 74, 86, 96
전자석 기중기 64, 72

전지 47-48, 50-51, 61, 66, 71, 79, 82, 92-94, 96-97, 99, 103
주자성 세균 43
지구 자기장 35, 42-43, 50
진동 84-86, 88
진동판 83-85, 88, 99
철 14-16, 18-24, 26-27, 35, 38-39, 61, 63-64, 72
철가루 20, 52, 60-61, 64-65, 71, 74-75, 96
칠심 63, 71
철새 43
코발트 14, 18
코일 62, 69, 72, 74-75, 83-88, 93-106, 108-109
(종이) 클립 13-19, 21-22, 24, 27, 38-39, 63, 65, 85
패러데이 96-97
(알루미늄) 포일 79-80, 82-83
풍력 발전소 104-106
헤드폰 83, 88
화력 발전소 104-106

퀴즈 정답

1교시

01 ① O ② X ③ X

02

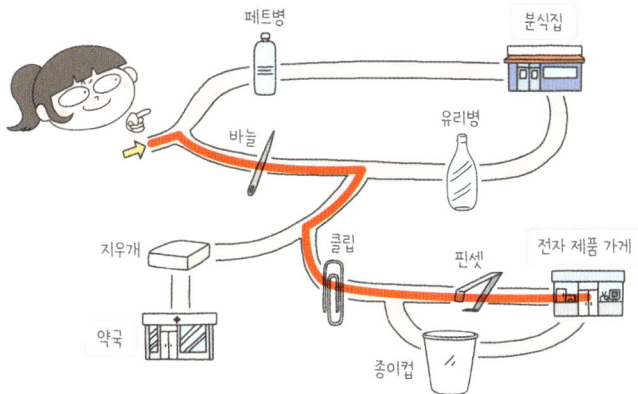

2교시

01 ① O ② O ③ X

02

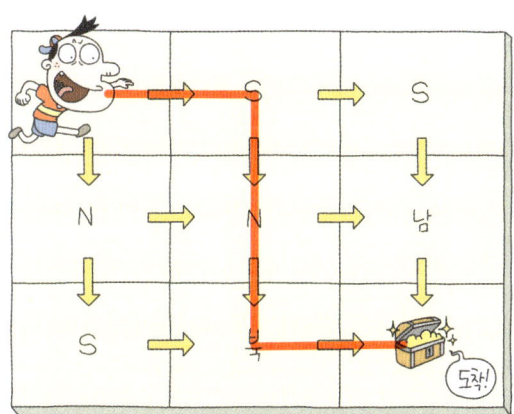

3교시

01 ① X ② O ③ X

02

> 보기
> 전류가 흐르는 (전선) 주위에는 자기장이 생겨. 직선 전선에 전류가 흐를 때에는 전선을 중심으로 한 동심원 모양의 자기장이 생겨. (오른손)을 이용하면 전선 주위에 생긴 자기장의 방향을 알 수 있어. 오른손의 엄지손가락이 (전류)의 방향을 향하도록 전선을 감아쥐었을 때 네 손가락이 가리키는 방향이 (자기장)의 방향이야.

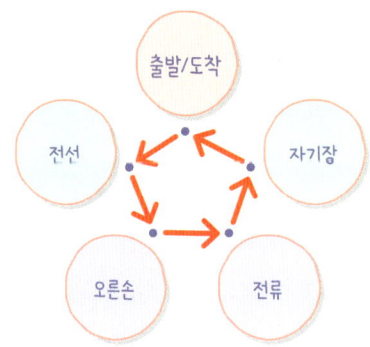

4교시

01 ① O ② X ③ O

02

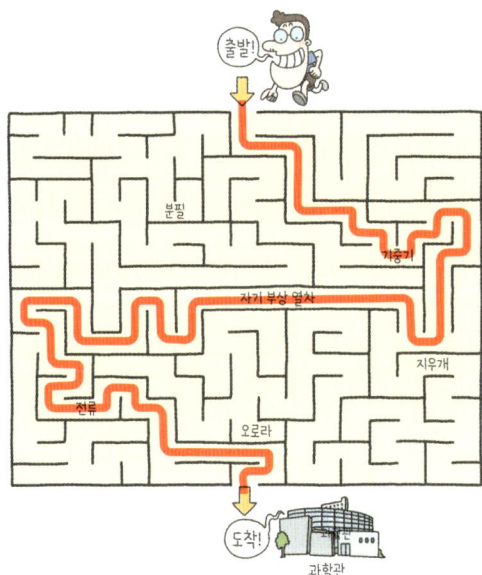

5교시

01   ① X   ② O   ③ O

02

> 전동기는 **자기장** 속에서 코일에 **전류**가 흐르면 코일이 힘을 받아 **회전**하도록 만들어진 장치야.

생	선	회	전
자	화	자	찬
기	승	전	결
장	어	패	류

6교시

01   ① O   ② X   ③ O

02   허영심

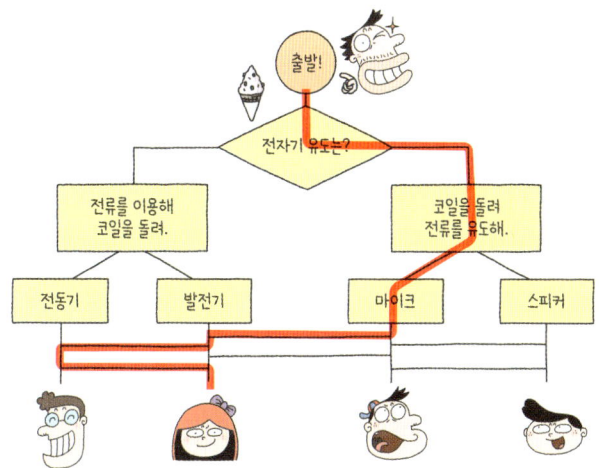

가로세로 퀴즈

①❶자	기	력		❷에				❸전	
기				②나	침	반		동	
장				멜		③발	전	기	
		❹기		선					
		중		④외	르	❺스	테	드	
⑤❻전	자	기	유	도		피			
자						커			
석			❼마					❽검	
	⑥패	러	데	이		⑦유	도	전	류
				크				계	

일러두기

- 맞춤법과 띄어쓰기는 국립국어원에서 펴낸 《표준국어대사전》을 따랐습니다.
- 과학 용어 표기는 《2015 개정 교육과정에 따른 교과용도서 개발을 위한 편수자료Ⅲ 기초과학, 정보 편》을 따랐습니다.
- 이 책에 실린 사진은 저작권자로부터 사용 허가를 받았습니다. 저작권자와 접촉하기 위해 최선을 다했으나 불가피한 사정으로 사용 허가를 받지 못한 일부 사진에 대해서는 저작권자와 연락이 닿는 대로 게재 허락을 받고 사용료를 지불하겠습니다.
- 이 책에 실린 그림의 저작권은 별도의 표기가 없는 한 사회평론에 있습니다.

사진 제공

10-11쪽: LG전자(flickr) | 15쪽: 포토마토 | 16쪽: 포토마토 | 17쪽: 포토마토, 포토마토, 포토마토, 포토마토 | 18쪽: 퍼블릭도메인 | 20쪽: Science Photo Library | 31쪽: 포토마토 | 33쪽: 포토마토 | 35쪽: 퍼블릭도메인 | 38쪽: 포토마토, 포토마토 | 39쪽: 포토마토 | 43쪽: Science Photo Library | 47쪽: 퍼블릭도메인 | 48쪽포토마토, 포토마토 | 50쪽: 포토마토, 포토마토 | 51쪽: 포토마토, 포토마토 | 52쪽: Science Photo Library | 61쪽: 포토마토 | 66쪽: Asim18(wikimedia commons_CC3.0), Ashley Pomeroy(wikimedia commons_CC3.0) | 68쪽: 포토마토, 포토마토 | 69쪽: 포토마토, 포토마토 | 74쪽: Yon Marsh(Alamy Stock Photo), Science Photo Library | 75쪽: 포토마토, 포토마토 | 79쪽: 포토마토 | 80쪽: 포토마토, 포토마토 | 86쪽: 포토마토 | 90-91쪽: 포토마토 | 97쪽: 퍼블릭도메인 | 100쪽: 포토마토 | 102쪽: 포토마토 | 그 외: 셔터스톡

용선생의 시끌벅적 과학교실 | 자기

1판 1쇄 발행	2020년 10월 28일
1판 6쇄 발행	2025년 1월 20일
글	이명하, 김형집, 설정민
그림	김인하, 김지희, 전성연
감수	강남화
캐릭터	이우일
어린이사업본부	이승필
책임편집	최미라
편집	정세민, 이명화, 홍지예, 김미화, 최예리, 윤성진
마케팅	윤영채, 정하연, 안은지, 박찬수
경영지원본부	나연희, 주광근, 오민정, 정민희, 김수아, 김승현
아트디렉터	강찬규
디자인	가필드
사진	포토마토
펴낸이	윤철호
펴낸곳	(주)사회평론
전화	02-326-1182
팩스	02-326-1626
주소	03993 서울시 마포구 월드컵북로6길 56 사평빌딩
출판등록	1993년 10월 6일 제 10-876호

© 사회평론, 2020

ISBN 979-11-6273-131-4 73400

- 이 책 내용의 일부나 전부를 다시 사용하려면 저작권자와 사회평론의 동의를 받아야 합니다.
- 잘못 만들어진 책은 바꾸어 드립니다.

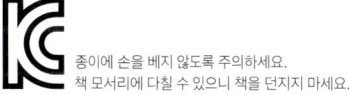

종이에 손을 베지 않도록 주의하세요.
책 모서리에 다칠 수 있으니 책을 던지지 마세요.